UFO・외계인 특종 사진집

적외선 카메라로 촬영한 그레이 에일리언. 외계인들은 종종 어둠을 틈타 지구를 찾아온다!

UFO에는 정말 외계인이 타고 있을까? 그들은 무슨 목적으로 지구에 온 걸까? 세계를 뒤흔든 특종 사진집을 소개한다..

SCOOOP!

외계인은 지구에 있다!

외계인은 인간들 몰래 지구에 숨어들고 있다. 당신의 바로 옆에도 그들이 있을지 모른다.

1963년에 폴 빌라가 촬영한 원반 모양의 UFO. UFO가 선명하게 찍힌 귀중한 사진 자료다.

SCOOOP!

UFO는 외계인의 운송 수단일까?

UFO의 종류는 다양하다. UFO에 탄 생명체는 인간이 아닌 지적 생물체일까?

제1장에서!

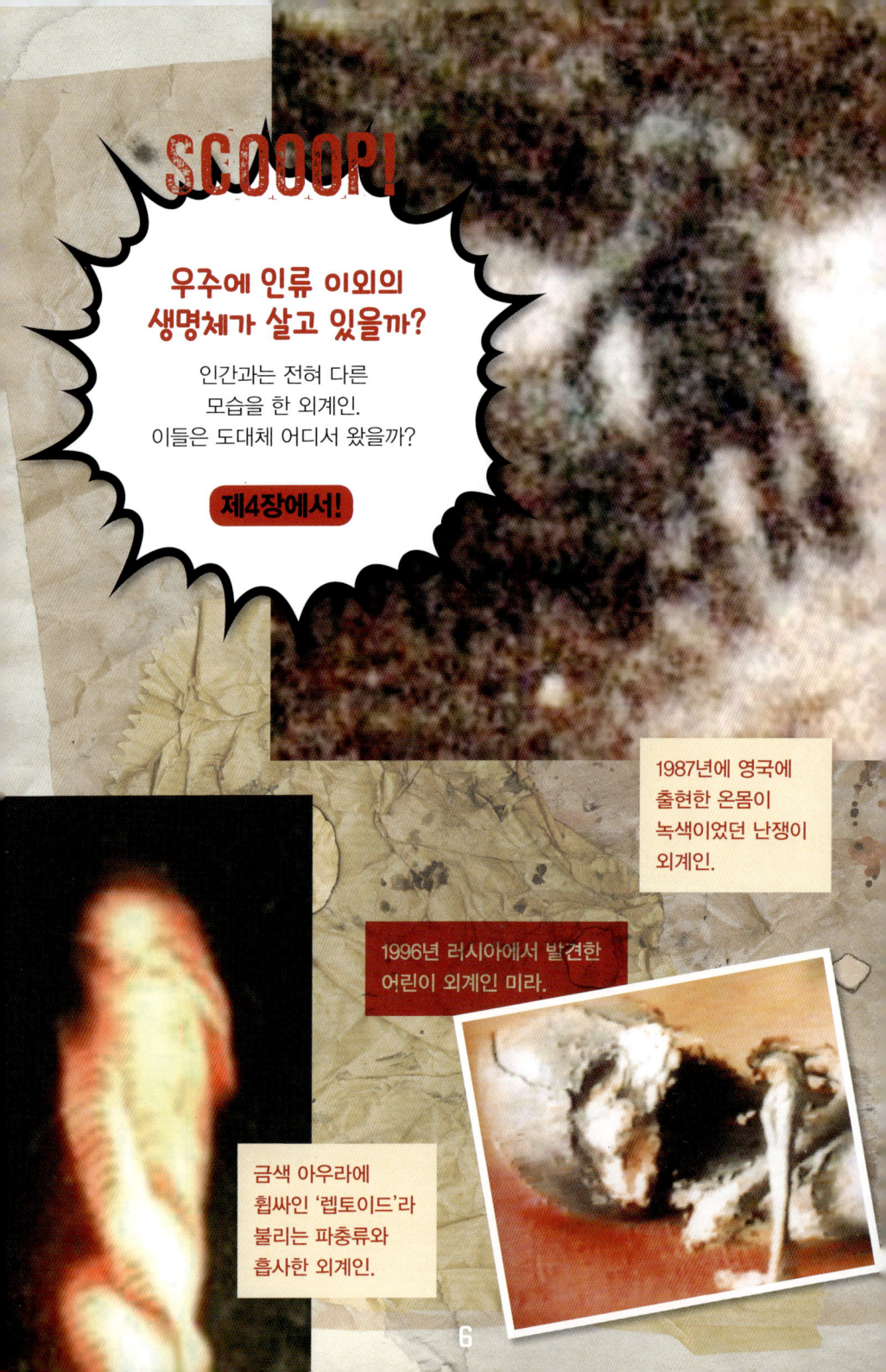

SCOOOP!

우주에 인류 이외의 생명체가 살고 있을까?

인간과는 전혀 다른 모습을 한 외계인. 이들은 도대체 어디서 왔을까?

제4장에서!

1987년에 영국에 출현한 온몸이 녹색이었던 난쟁이 외계인.

1996년 러시아에서 발견한 어린이 외계인 미라.

금색 아우라에 휩싸인 '렙토이드'라 불리는 파충류와 흡사한 외계인.

미국 패스커굴라에 나타난 외계인이 인간을 UFO로 납치한 뒤 그때의 기억을 모두 삭제해 버렸다!

외계인은 왜 인간을 납치할까?

외계인이 몰래 인간을 납치하는 경우가 있다고 한다. 이런 사건은 미국에서 꽤 많이 발생했다!

제5장에서!

SCOOOP!

외계인에게 납치를 당했던 힐 부부. 최면 치료로 기억을 되살리자, 무시무시한 외계인의 모습을 떠올렸다고 한다.

외계인이 여성의 몸 안에 넣은 이물질을 수술을 통해 빼냈다!

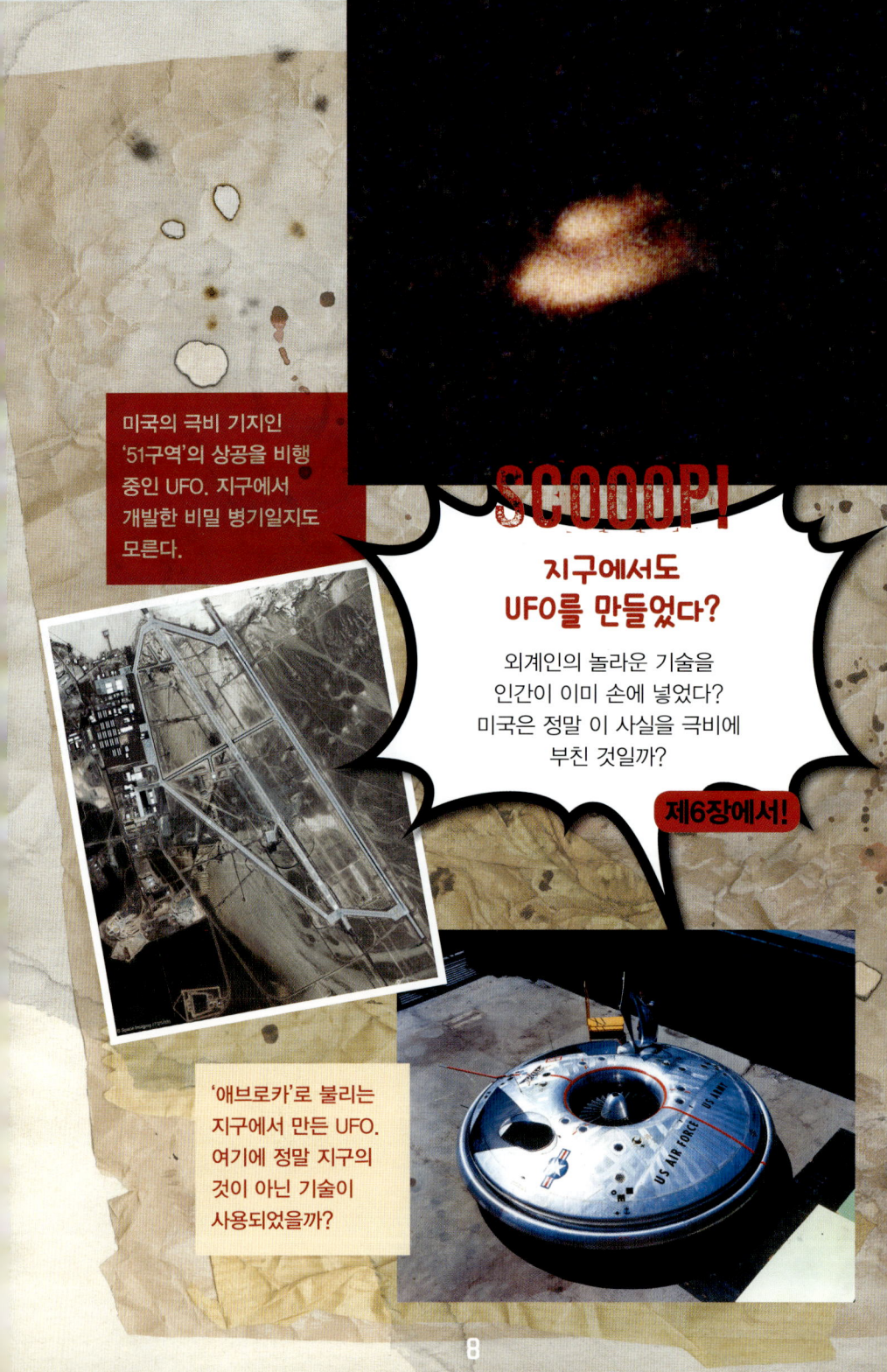

학연교육출판 편저

비주얼 미스터리 백과 ❸

UFO·외계인 대백과

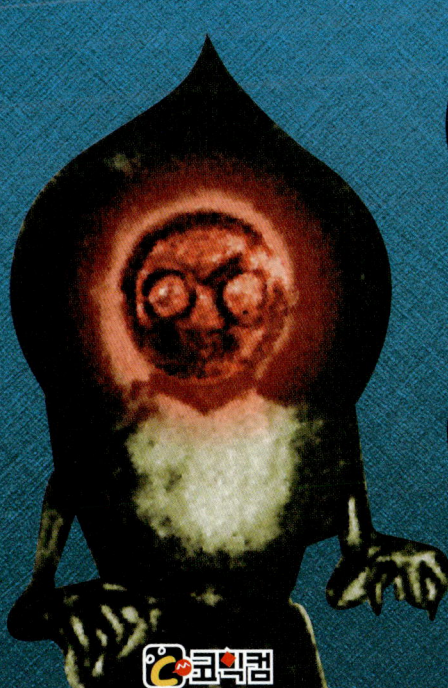
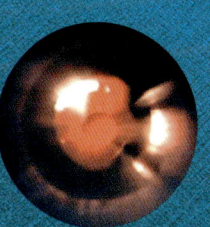

목차
CONTENTS

UFO·외계인 특종 사진집…1
UFO·외계인의 출현 분포 지도…12
UFO·외계인 키워드 도감…14

프롤로그 UFO는 무엇일까? 외계인은 어디에서 왔을까?…16

1 UFO 현상이란 무엇인가?…16
2 UFO 현상의 종류…18
3 UFO의 형태와 종류…20
4 UFO의 비행 방법…24
5 UFO는 어디에서 왔을까?…25
6 UFO 현상과 착각…28

이 책의 사용법…30

제1장 충격의 UFO 사진과 목격담…31

벨기에의 삼각형 피라미드 / 기괴한 광선을 발사하던 UFO /
케네스 아놀드 사건 / 로스앤젤레스 공습 사건 /
구두 굽 모양의 UFO 외

UFO·외계인 특별 갤러리 ① 수수께끼로 가득한, 괴상하고 기이한 UFO와 외계인…89

[과연 그렇구나! UFO·외계인 ①] 왜 하늘을 나는 원반이 UFO가 됐을까?…96

제2장 UFO가 남긴 기이한 흔적…97

아마존에 나타난 흡혈 UFO / 가축 살해(Cattle mutilation) /
기괴 광선 살해 사건 / UFO 대정전 사건 /
UFO가 내뿜은 열풍에 당한 남자 / 미스터리 서클 외

[과연 그렇구나! UFO·외계인 ②] SETI로 외계인을 찾아라!…110

제3장　우주에서 목격한 UFO 현상…111

아폴로 계획과 UFO / 솔라 크루저 / 기상 관측 위성이 찍은 UFO / 화성에 나타난 시가 모양의 UFO / 미르에서 찍은 공 모양 UFO / 토성 탐사선과 UFO 외

UFO・외계인 특별 갤러리 ②　'고대의 우주 비행사'들…126

[과연 그렇구나! UFO・외계인 ③] 외계인의 종류…132

제4장　경이로운 외계인 사진과 목격 사건…133

그레이 에일리언 / 바르지냐 사건 / 얀 보르스키 사건 / 멕시코의 난쟁이 외계인 외

[과연 그렇구나! UFO・외계인 ④] 외계인은 미지 동물?…164

제5장　공포의 외계인 납치 사건…165

패스커굴라 사건 / 세르지 퐁투아즈 사건 / 하버드 셔머 사건 외

[과연 그렇구나! UFO・외계인 ⑤] 외계인 납치 사건의 기억은 과연 사실일까?…176

제6장　UFO 음모론의 미스터리…177

정부가 숨긴 UFO 정보의 수수께끼 / 비밀 기지 '51구역' / 외계인 해부 필름 외

[과연 그렇구나! UFO・외계인 ⑥] 지구에서도 '하늘을 나는 원반'을 만들었다?…192

끝으로　만약 UFO를 목격했다면?…193

참고 문헌…195

주요 출현 분포 지도

★캐나다
◎ 밴쿠버 섬의 UFO
◎ UFO가 내뿜은 열풍에 당한 남자

★미국
◎ 케네스 아놀드 사건
◎ 로스앤젤레스 공습 사건
◎ 만텔 대위의 비극
◎ 이스턴 항공기 사건
◎ 고먼 소위의 공중전
◎ 러벅의 빛
◎ 워싱턴 공습 사건
◎ 아담스키형 UFO
◎ 피닉스 라이트
◎ 켁스버그에 추락한 UFO
◎ 모리 섬 사건
◎ UFO 대정전 사건
◎ 멘저와 금성인
◎ 플랫우즈 몬스터
◎ 칼 힉던 사건
◎ 페드로 산의 외계인 미라
◎ 로즈웰 사건 외

★멕시코
◎ 화산을 향해 날아가던 UFO
◎ 페드로 산의 외계인 미라
◎ 셰이프 시프터
◎ 옥상 위의 외계인

★브라질
◎ 트린다데 섬의 UFO
◎ 아마존의 흡혈 UFO
◎ 바르지냐 사건
◎ 외계인 라마

★아르헨티나
◎ 세르지오 푸체타 사건
◎ 트란카스 사건
◎ 달걀귀신 외계인

★뉴질랜드
◎ 카이코우라의 UFO
◎ 기괴 광선 살해 사건

Unidentified Flying Object & Alien

UFO·외계인 키워드 도감

이 책을 읽기 전에 알아 두면 좋은 기본 용어를 체크해 놓자.

【UFO】

미확인 비행 물체(Unidentified Flying Object)의 준말. 이미 알려진 비행 물체와 자연 현상이 아닌, 공중에 나타난 정체불명의 무엇인가를 뜻한다. 이것들이 나타난 일련의 사건을 'UFO 현상'이라고 한다.

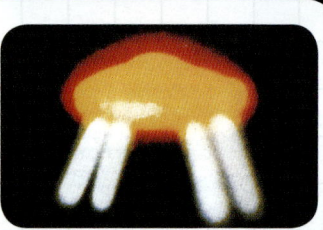

【하늘을 나는 원반】

UFO라는 말을 쓰기 전 미확인 비행 물체를 표현하기 위해 사용했다. 주로 원반 모양을 하고 있어서 지금도 UFO라는 말 대신에 이렇게 말하기도 한다.

【체공(滯空)】

날개도 없는 비행 물체가 위치도 바꾸지 않은 채 공중에 떠 있는 것을 말한다. 이렇게 중력을 거스를 수 있는 건 미지의 비행체가 아닌 이상 불가능하므로, UFO를 판단하는 기준 중 하나이다.

【근접 조우】

거리의 정확한 기준은 없지만, UFO와 외계인을 굉장히 가까운 거리에서 목격한 것을 가리킨다. 말 그대로 코앞에서 목격하는 일은 굉장히 드물다.

【외계인】

엄밀히 말하자면 지구 밖에 있는 혹성에서 온 지적 생명체를 '이성인(異星人)', 지구에 사는 생물이 아닌 생물체를 '에일리언' 등으로 구분해서 부른다. 이 모든 존재를 통틀어서 '외계인'으로 부르기로 한다.

【애브덕션(abduction)】

외계인에 의한 납치. 납치된 인간은 우주선 안으로 끌려갔다가 생체 조사가 끝나면 다시 되돌아오곤 한다. 그러나 납치된 동안의 기억은 없으며, 몸속에 통신 기기 따위의 이물질이 심어진 경우도 있었다.

【미스터리 서클】

UFO의 물리적인 흔적으로 추측되는 이착륙 시 남은 흔적 중 하나. 일반적으로 '서클'로 부르지만, 개중에는 원형이 아닌 것도 다수 있다.

【접촉자(contactee)】

UFO와 접촉했다고 주장하는 사람들을 말한다. 그들이 만난 외계인은 우호적인 경우가 많다. 텔레파시로 인간의 의식에 직접 언어를 전달하던 외계인도 있었다고 한다.

【집단 목격】

UFO가 불특정 다수의 사람들에게 목격됐을 때를 말한다. 플랩(flap)이나 웨이브(wave)라고도 한다. 한 사람보다 다수의 사람들이 목격했을 때 존재의 신빙성을 더할 수 있다.

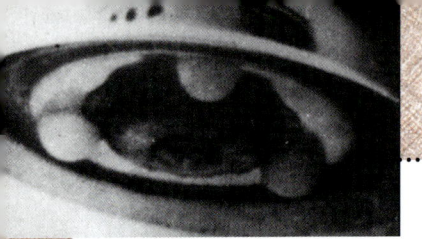

> 프롤로그

UFO는 무엇일까?
외계인은 어디에서 왔을까?

이러한 질문에 단 한 가지
대답만을 할 수는 없으리라.
이 책에서는 관련된 미스터리를
풀기 위해서 몇 가지 기본적인
사항을 짚고 넘어가겠다.

UFO 현상이란 무엇인가?

별 생각 없이 하늘을 봤다가 자연 현상도, 그렇다고 잘 알려진 비행 물체도 아닌, 기괴한 모양의 물체가 하늘을 나는 모습을 목격한 이들이 있다. 이것이 'UFO'라고 불리는 미지의 비행 물체이다.

UFO의 정체를 외계인이 조종하는 우주선이라고 생각하는 사람도 있다. 왜냐하면 광대한 우주 어딘가에는 지구처럼 생명이 살아 숨 쉴 만한

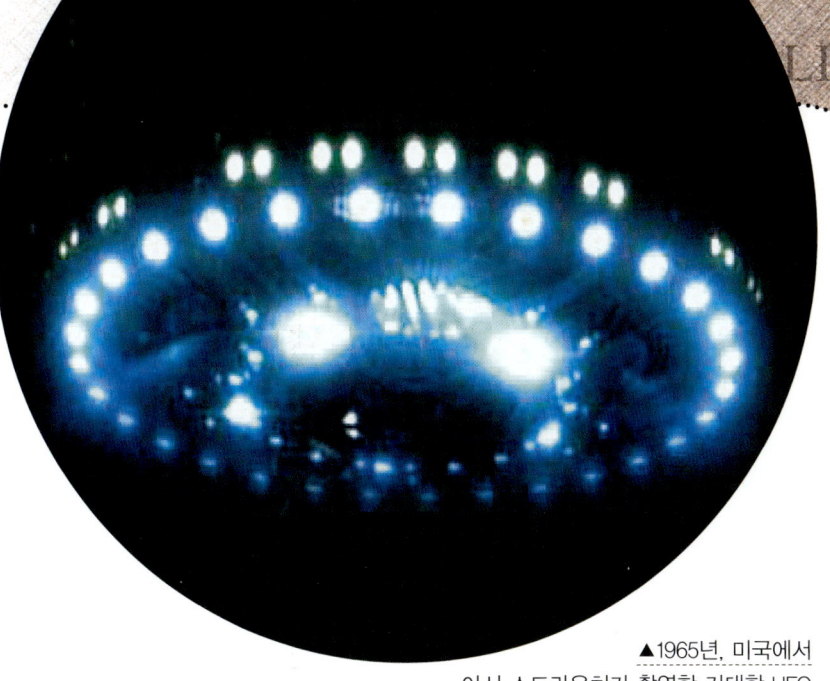

▲1965년, 미국에서 아서 스트라우치가 촬영한 거대한 UFO

조건을 갖춘 혹성이 있을 것이라 믿기 때문이다.
그중에는 인간보다 훨씬 뛰어난 지식과 기술을 갖춘 외계인이 사는 혹성도 있을 것이다. UFO에 탄 지적 생명체는 자신이 살던 혹성에서 까마득히 먼 지구까지 날아온 존재일지도 모른다.
그러나 오랫동안 UFO 현상(UFO와 외계인과 관련된 일련의 사건들)을 연구해 온 미국의 천문학자 앨런 하이네크 박사는 무턱대고 UFO를 믿을 것이 아니라, 의심스러운 시선을 거두지 말아야 한다고 경고한다. UFO는 현존하는 모든 수단을 동원해도 비밀을 풀 수 없는 미스터리한 존재이기 때문이다!
자, 이 책에 실린 사진과 사건을 통해 UFO와 외계인이 실재하는지, 당신의 눈으로 직접 확인해 보기 바란다.

▲UFO 현상의 분류법을 확립한 앨런 하이네크 박사

**제 1 종
접근 조우**

1948년, 미국 이스턴 항공 576편이 시가 모양의 UFO와 접근 조우한 사건이 발생했다.

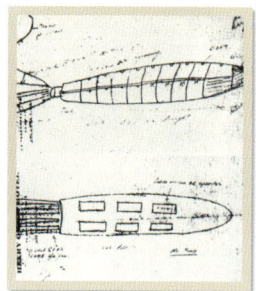

UFO 현상의 종류

UFO를 목격하거나 외계인과 만나는 일련의 일들을 'UFO 현상'이라고 한다. 단, UFO 현상의 범위가 넓어 현상을 과학적으로 조사하고 그곳에 존재하는 법칙을 찾기 위해서는 사건을 분류할 필요가 있다. 그래서 앨런 하이네크 박사는 UFO 현상을 다음과 같은 패턴으로 분류했다.

먼저, 목격자와 UFO의 거리가 먼 경우와 가까운 경우가 있다. 거리가 먼 경우는 UFO의 상세한 정보가 부족하므로 상대적으로 출현한 시간과 관측 수단이 중요하다. 이런 '원거리 UFO 현상'은 다음의 세 가지로 나눌 수 있다.

★밤에 목격한 UFO

PROLOGUE : UFO & ALIEN

제2종 접근 조우
1980년, 미국 텍사스 주에서 비키 랜드럼이 UFO에 공격을 당해 화상을 입었다.

제3종 접근 조우
미국 뉴멕시코 주의 소코로에서는 1964년 경찰관이 UFO와 외계인을 만났다.

제4종 접근 조우
외계인에게 납치당해, 이물질(○표시)을 삽입당한 사람의 손을 촬영한 엑스레이 사진

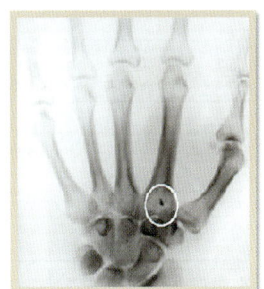

프롤로그 UFO와 외계인은 정말 존재할까?

★낮에 목격한 UFO

★육안과 레이더 모두로 확인한 UFO

한편, 거리가 가까운 경우에는 멀었을 때보다 UFO에 대한 상세한 정보를 얻을 수 있다. '근거리 UFO 현상'은 '접근 조우'라고도 하며, 다음과 같이 나눌 수 있다.

★제1종 접근 조우(UFO를 500m 이내의 거리에서 목격했을 때)

★제2종 접근 조우(UFO가 착륙한 흔적을 발견했거나 직접 피해를 입었거나 할 때)

★제3종 접근 조우(외계인=UFO 승무원과 만났을 때)

그러나 지금은 박사의 분류와는 별개로 '제4종 접근 조우'가 추가되었다. 이는 외계인에게 납치되었거나 몸 안에 이물질을 삽입당한 경우를 말한다.

이렇게 'UFO 현상'에는 다양한 패턴이 존재한다.

원반형
disk type

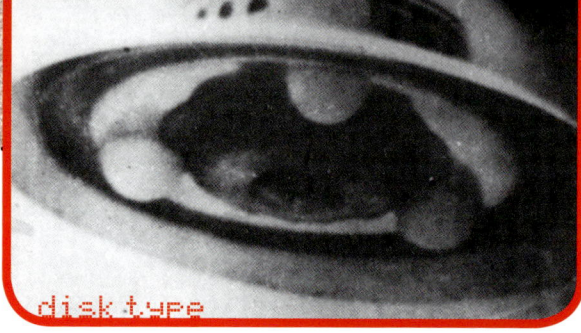

가장 많이 목격된 유형으로, '하늘을 나는 원반'이라고도 불린다. 형태와 질감이 분명한 경우가 많아, 접시 모양, 토성 모양, 돔 모양(아담스키형) 등 세세히 나눌 수 있다.

▲1952년 미국 조지 아담스키가 촬영한 돔 모양의 UFO. 이 타입은 아담스키형 UFO로도 불린다.

▲1993년 멕시코에서 찍힌 UFO. 옆면에 창이 보인다.

UFO의 형태와 종류

지금까지 목격된 UFO의 모양은 놀랄 만큼 다채롭지만, 공통점은 하나같이 날개가 없어 도대체 어떻게 나는지 알 수 없었다는 사실이다. 가장 유명한 것은 원반형 UFO지만, 그 외에도 삼각형 UFO와 모양이 변하는 UFO 등도 목격되었다.

UFO의 모양이 다른 이유가 각각의 용도가 달라서인지, 아니면 그것을 탄 외계인의 종류가 달라서인지는 알 수 없다. 하지만 외계인이 탈 만한 공간조차 없어 보이는 초미니 UFO는 거대한 모선에서 지구를 감시하기 위해 파견된 무인 정찰기로 추측하고 있다.

▲1963년에 미국 뉴멕시코 주에서 폴 빌라가 촬영한 접시 모양의 UFO

▲인터넷 지도 정보 서비스 '구글 어스'의 2006년판 위성이 촬영한 공 모양의 UFO

공 모양
sphere type

'원거리 UFO 현상'에서 가장 많이 등장하는 모양으로, 강한 광선을 발사하면서 출현하는 경우가 많다. 또한 1대가 아닌 여러 대가 편대를 이뤄 나타나기도 한다.

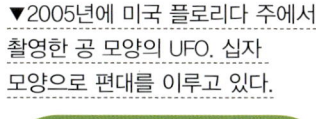

▼2005년에 미국 플로리다 주에서 촬영한 공 모양의 UFO. 십자 모양으로 편대를 이루고 있다.

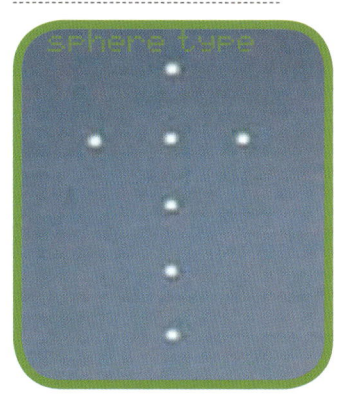

▶제2차 세계 대전 때 찍은 '푸 파이터'는 빛을 내는 공 모양의 UFO다.

다양한 모양
variant type

기계와 닮은 모양이나 피라미드 모양, 좌우 비대칭인 복잡한 모양의 UFO를 일컫는다. 외계인이 탔을 거라고는 도무지 생각할 수 없는 모양도 있어서 무인 정찰기가 아닌가 추측된다.

▲2007년 미국 캘리포니아 주에서 촬영한 UFO. 무인 정찰기(drone, 드론)일 가능성이 높다.

▲2011년 중국에서 촬영한 UFO. 피라미드를 2개 합쳐 놓은 것 같은 모양이다.

변형된 모양
transform type

금속질로 구성된 UFO와는 달리, 모습을 계속 바꿔 고정된 형태가 없는 UFO를 말한다. 마치 살아 있는 것처럼 보여 'UFC(미확인 비행 생물)'라고도 부른다.

▲2012년에 중국에서 촬영한 UFC. 마치 하늘을 나는 드래곤처럼 보인다.

▲2000년에 멕시코에서 촬영한 사람 모양의 UFC. 플라잉 휴머노이드라고도 한다.

PROLOGUE:UFO&ALIEN

원통 모양
cylinder type

▲1974년 10월 11일 히로시마 현 오노미치 시에서 촬영한 UFO다. 접시 내지는 원통 모양으로 보인다.

▲1951년에 조지 아담스키가 촬영한 원통 모양의 UFO. 안에서 6대의 소형 UFO가 발사되었다.

전체 길이가 수백 미터에 달할 정도로 거대한 것이 많다. 안에 소형 UFO를 수납할 수 있는 공간이 있었다는 목격담으로 보아 모선 타입의 우주선이 아닌가 추측된다.

프롤로그 UFO와 외계인은 정말 존재할까?

삼각형 모양
triangle type

말 그대로 삼각형 모양의 UFO다. 형태가 미국의 스텔스 정찰기와 비슷해서 외계인이 아닌 미군 비밀 병기일 가능성도 있지만, 미국이 아닌 다른 나라에서도 목격되고 있다.

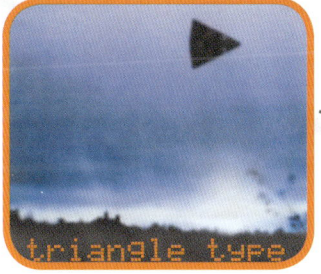

▲2002년에 영국 스코틀랜드에서 촬영된 삼각형 UFO

▼1990년 벨기에서 촬영된 삼각형 UFO

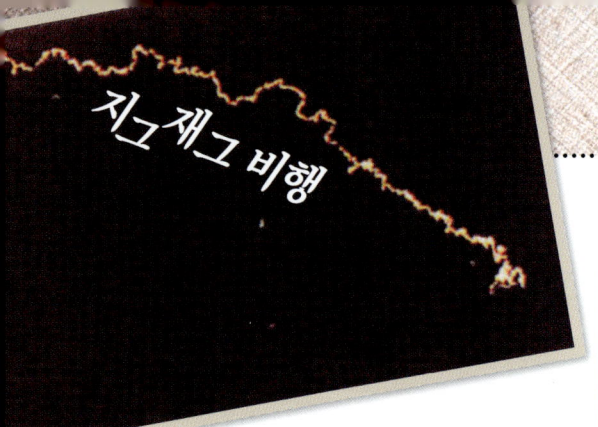

▲미국 네바다 주에 있는 비밀 기지 '51구역'에서 1993년에 촬영한 UFO로 지그재그로 나는 모습을 확인할 수 있다.

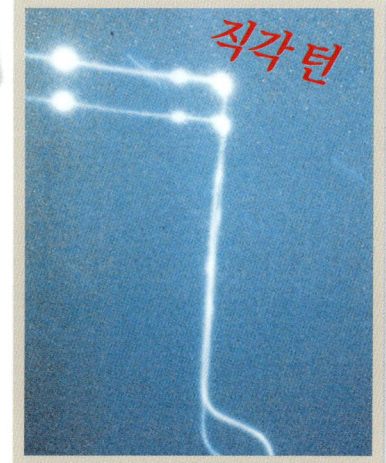

▶1981년 미국 인디애나 주에서 촬영한 UFO는 직각으로 방향을 바꾸었다.

UFO의 비행 방법

UFO의 비행 방법은 비행기나 헬리콥터와 UFO의 차이를 명확히 드러내는 증거 중 하나이다. 지그재그 비행과 파도가 치는 듯한 움직임, 날카로운 방향 전환 등 UFO 특유의 비행 모습은 결코 항공기로는 흉내 낼 수 없다. 그렇다면 UFO가 자유롭게 비행할 수 있는 이유는 무엇일까? 많은 과학자들이 논의를 거듭한 결과, 가장 신빙성 있는 다음의 두 가지 가설이 나왔다.

★인공 중력장 추진설 : UFO 내부에 인공적으로 중력을 발생시키는 장치가 있다면 일반적으로 위에서 아래로 향하는 중력을 거스르고

PROLOGUE: UFO & ALIEN

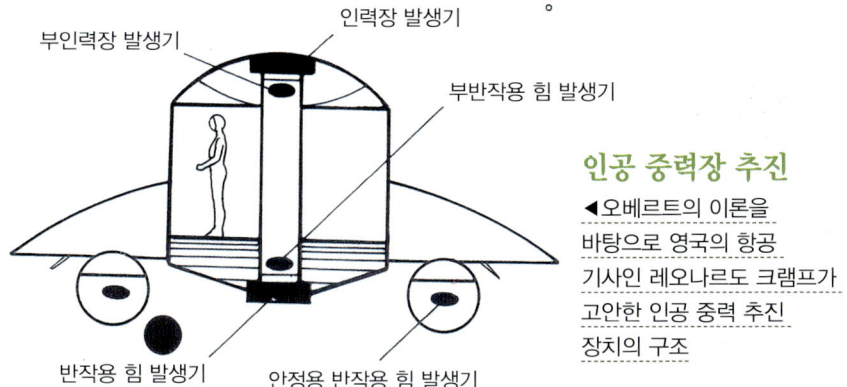

인공 중력장 추진
◀오베르트의 이론을 바탕으로 영국의 항공 기사인 레오나르도 크램프가 고안한 인공 중력 추진 장치의 구조

자기장 추진
▶기체에 강력한 전자기를 발생시켜 중앙에서 플러스와 마이너스의 힘을 제대로 조절할 수만 있다면 날 수 있다고 추측한 과학자도 있다.

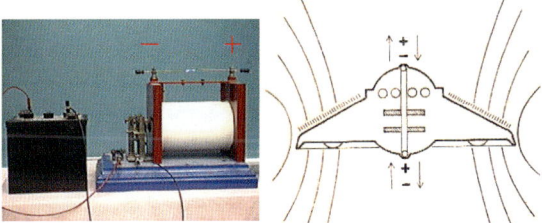

하늘로 부상할 수 있다.

또한 이 기술만 있다면 급가속이나 급정지를 할 때도 UFO에 탄 외계인들은 중력의 영향을 받지 않는다고 한다. 이것은 독일의 로켓 공학자 헤르만 오베르트 박사의 이론이다.

★자기장 추진설 : 대부분의 UFO가 소리를 내지 않는다는 점에서 UFO 자체가 강한 자기장을 발생시켜 그 힘으로 비행한다는 가설이다.

이 가설의 근거 중 하나가 UFO가 나타나면 정전이 되거나 전자 기기가 멈추거나 하는 등의 자기 작용의 발생이다.

하지만 유감스럽게도 인류의 현재 기술로는 UFO를 만들 수 없다.

1 지구 외래설

◀인간의 눈에 띈 외계인의 대부분은 지구에 사는 생물과는 전혀 다른 모습을 하고 있었다. 그러니 UFO를 타고 지구 밖 혹성에서 왔다고 생각할 수밖에 없다.

UFO는 어디에서 왔을까?

고도의 기술을 활용하여 비행하는 UFO는 도대체 어디에서 왔을까? UFO와 외계인의 유래에 대한 다음과 같은 가설이 있다.

★ 지구 외래설 : UFO가 지구 밖 우주에서 날아왔다는 가설로, 현재로는 가장 가능성이 높다. 외계인이 온 이유로 학술적인 조사를 포함하여 고향별을 등지고 지구로 이주하기 위해서라는 등 다양한 추측을 낳고 있다. 이 경우 외계인은 다른 별에서 왔기 때문에 '이성인(異星人)'이라고도 한다.

★ 지구에서 만든 비밀 병기설 : 미국이 외계인에게 UFO 제작 기술을 얻어서 지구에서 개발한 군사용 항공기라는 가설이다.

PROLOGUE:UFO & ALIEN

▶미국 비밀 기지인 '51구역'에 외계인이 잡혀 있다고 한다. 군은 그 외계인으로부터 UFO를 만드는 기술을 전수받았는지도 모른다.

2 지구에서 만든 비밀 병기설

▼공동 세계를 상상하여 그린 일러스트. 그곳은 지저인들이 사는 미지의 세계다.

3 지구 공동 비래설

▶지구 공동설을 바탕으로 그린 지구 단면도

다만, 외계인이 지구에 왔었다는 것이 전제되어야 하므로 기본적으로는 '지구 외래설'을 확장한 가설이라고 할 수 있다.

★**지구 공동 비래설** : 지구 내부에는 별개의 차원을 지닌 공간이 있다는 새로운 가설이 있다. 이 공동 세계에는 지저인(地底人)이 살고 있는데, 그들이 UFO를 타고 남극과 북극에 있다는 구멍을 통해 지상으로 나온다는 가설이다.

이 가설들 외에도 물속에 UFO 기지가 있다는 '수중 비래설', UFO가 미래 세계에서 온 인간들을 태웠다는 '타임머신설' 등이 있다. 이렇게 다양한 가능성을 생각해 볼 수 있지만, 정답은 우리 앞에 외계인이 모습을 드러내는 날 알게 될 것이다.

비행기운
▶토막 난 비행기운을 제대로 판별하는 것은 쉽지 않다. 하지만 쌍안경을 사용하면 쉽게 확인할 수 있다.

비행기
▲햇빛을 받으면 날개가 보이지 않는다. 또한 밤에 촬영하면 긴 시간 노출됐기 때문에 그 흔적이 UFO처럼 보이기도 한다.

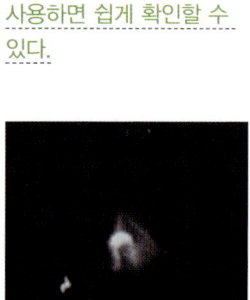

열기구
◀때로 빛을 받아 빛나거나 모양이 바뀌기도 하므로 UFO와 혼동하기 쉽다.

UFO 현상과 착각

UFO 목격담 중 상당수가 눈의 착각에 지나지 않았다는 사실을 잊어서는 안 된다. 일설에는 목격담의 80~90% 정도가 착각이었다고 한다. 그렇다면 어떤 부분을 UFO라고 착각하게 되는 것일까?

★비행기 등 : 공중을 나는 제트기나 저공을 나는 소형기뿐만 아니라 밤하늘을 나는 헬리콥터의 조명 등은 착각을 불러일으키기 쉽다. 비행기는 햇빛과 달빛에 반사되어 날개가 보이지 않는 경우도 있기 때문에 주의가 필요하다.

★비행기운 : 비행기가 차갑고 눅눅한 대기를 비행하면, 비행기 뒤쪽으로 띠처럼 길게 늘어진 '비행기운'이 발생하기도 한다. 특히 비행기운을

렌즈구름
▲구름이 원반 모양의 UFO처럼 보이기도 하지만, 이건 자연 현상의 일종이다. 움직이지 않으므로 자세히 보면 구분이 가능하다.

인공위성
▲인공위성(화살표 표시)은 일반적인 UFO의 움직임과는 다르게 천천히 직선 방향으로만 이동한다.

금성
◀하늘에서 가장 밝게 빛나는 금성은 움직이지 않기 때문에 구분하기 쉽다.

절단한 것처럼 보이는 구름(숏 컨트레일이라고도 한다)이 햇빛을 받아 오렌지색으로 바뀌면 원통 모양의 UFO로 보이기도 한다.

★기구 : 기상 관측용 기구가 하늘을 나는 모습이 때로는 원통 모양이나 삼각형 모양의 UFO로 보이기도 한다. 그러나 결코 격렬한 상하 운동은 하지 못한다. 의심이 갈 때는 그 지역 기상대에 문의를 하면 열기구인지 아닌지 알 수 있다.

이 외에도 밤하늘을 나는 새, 점멸하는 인공위성, 유성과 금성 등 UFO와 착각하기 쉬운 대상은 얼마든지 있다. 그러나 위에 수록한 사진에 표시했듯이 꼼꼼히 살핀다면 결코 착각하진 않을 것이다. 'UFO를 목격했다'는 생각이 들더라도 허둥대지 말고 침착하게 행동해야 한다.

CAUTION

이 책의 사용법

UFO는 영어(Unidentified Flying Object)의
첫 문자를 따서 이름 붙인 것으로 '미확인 비행 물체'를 뜻한다.
또한 외계인은 '에일리언'이나 '우주인'이라고도 하는,
지구 생물과는 전혀 다른 지적 생명체다.
이 책은 UFO와 외계인을 다양한 각도에서 소개하고
관련된 미스터리를 해명하기 위한 목적으로 발간되었다.

파일 번호
1~96까지 있으며, 소개할 UFO와 외계인 사건 등의 파일 번호이다.

이름
UFO와 외계인의 사건 명 등이다.

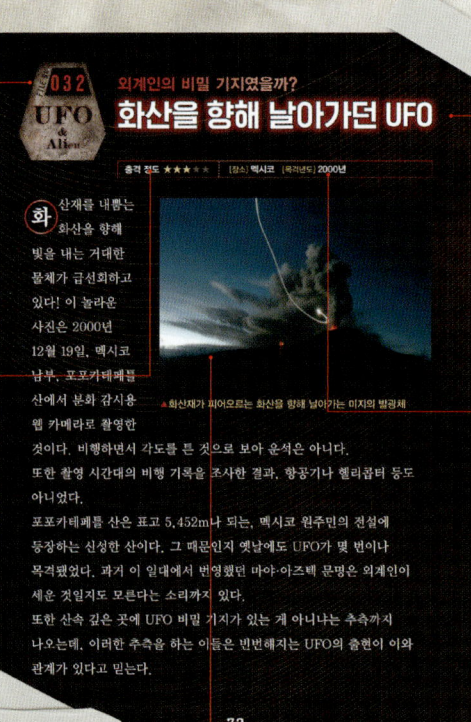

데이터
UFO와 외계인이 나타난 지역과 나라, 목격된 연도다.

충격도
UFO와 외계인이 주는 충격의 강도. ★이 많을수록 강도가 센 것을 뜻한다.

사진
UFO와 외계인이 찍힌 결정적인 순간이나 재현한 일러스트 등이다.

충격의 UFO 사진과 목격담

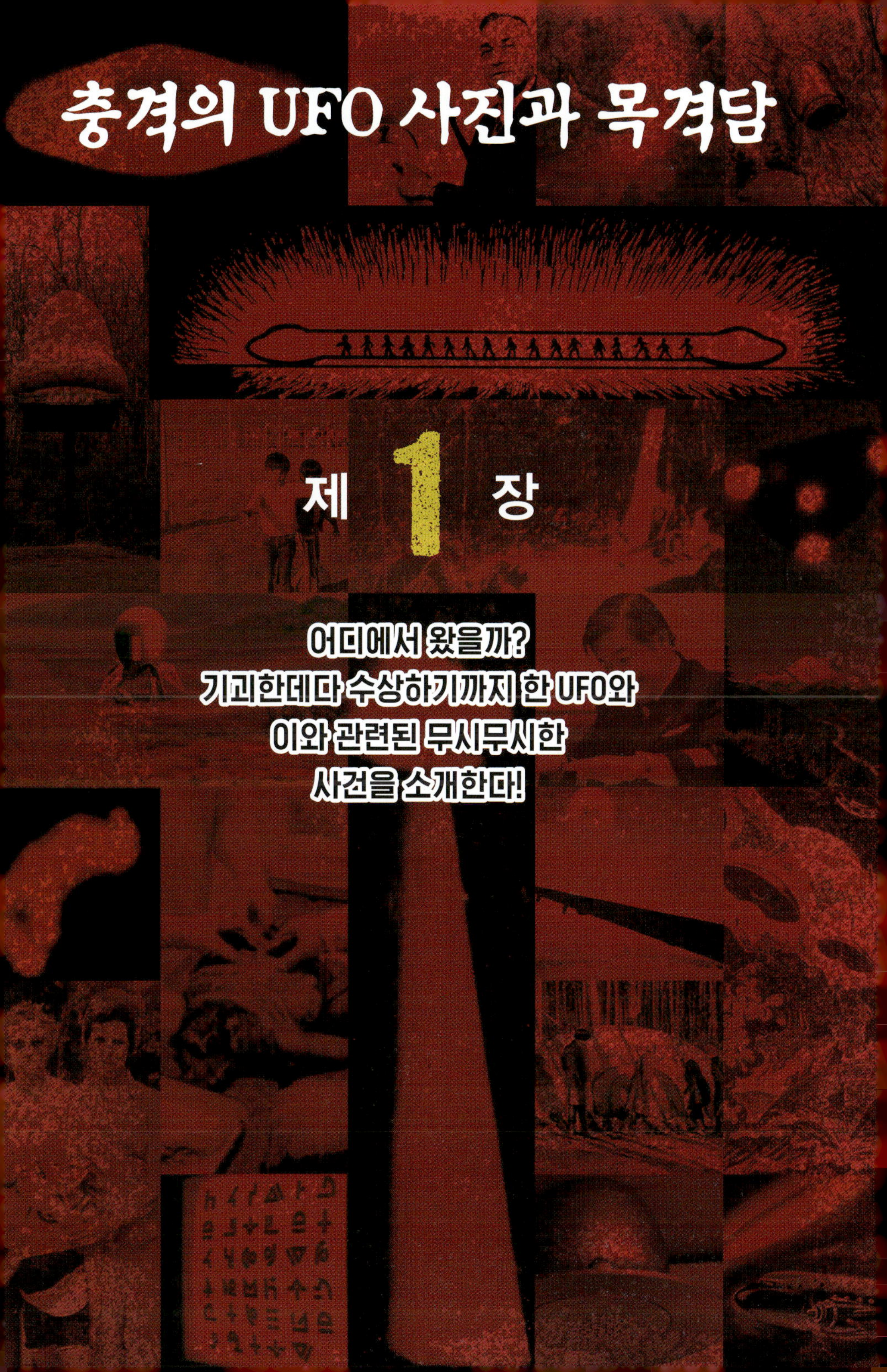

제 1 장

어디에서 왔을까?
기괴한데다 수상하기까지 한 UFO와
이와 관련된 무시무시한
사건을 소개한다!

벨기에의 삼각형 피라미드

약 만 명 이상의 사람들이 집단으로 목격하다!

충격 정도 ★★★★★　　[장소] 벨기에　[목격년도] 1989년

벨기에에서는 1989년 11월 29일부터 1990년 5월까지 하늘에 삼각형 모양의 UFO가 몇 번에 걸쳐 나타나, 약 만 명 이상의 사람들이 목격한 희대의 사건이 발생했다. 최초로 UFO를 목격한 1989년 11월 29일 오후 5시부터 9시까지, 약 154건의 UFO 신고가 경찰서에 접수됐다고 한다.

UFO는 검은 삼각형 모양이었으며, 3개의 모서리의 끝에서 지상을 향해 강력한 빛이 뿜어져 나왔다. 신고를 받고 UFO의 행적을 쫓던 경찰들의 말에 따르면 "UFO에서 가늘고 붉은 빔이 나왔는데, 빔의 끝 부분에 붉은색 공 같은 것이 달려 있었다. 붉은색 공은 어느 순간 UFO로 다시 빨려 들어갔다."고 했다.

이날 이후로 UFO의 출몰이 이어지더니 급기야 1990년 3월 30일에는 결정적인 사건이 발생했다. 수백 명의 시민이 UFO를 목격했을 뿐만 아니라, 공군 레이더에도 UFO가 잡힌 것이다. 그 당시 UFO는 시속 약 280~830km로 급가속하기도 하고 고도 약 2,700m에서 1,500m까지 급강하하는 등, 일반적으로는 볼 수 없는 비행을 했다.

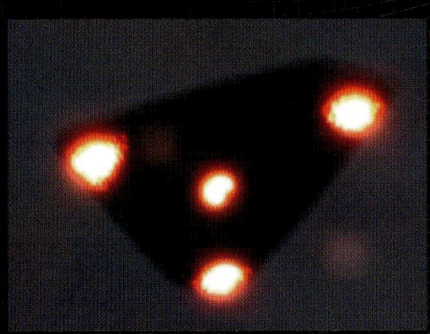

▲1990년 6월 15일, 벨기에 남부 와로니아에서 촬영한 삼각형 UFO

훗날 '벨기에의 UFO 플랩(flap,

집단 목격)'이라고 불린 이 사건의 특징은 목격자가 굉장히 많았다는 데 있다. 목격자가 단 한 명뿐이거나 소수라면 속임수나 착각, 집단 최면 등을 의심해 볼 수도 있다. 하지만 이 사건은 목격자가 천 명 단위로, 수많은 사진이 증거로 남았을 뿐 아니라 촬영한 사진 속의 UFO가 대부분 삼각형 모양에 촬영 장소는 벨기에 전역이었다.
그렇다면 이 UFO가 사람이 만든 것이거나 눈의 착각일 가능성은 전혀 없다고 해도 무방하다. 덕분에 벨기에 UFO 플랩은 UFO의 실재 유무를 증명하는 굉장히 중요한 사건이 되었다.

삼각형 UFO
▲1990년 4월 7일, 벨기에 동부의 리에주에서 촬영한 삼각형 UFO

한겨울 저수지에서 발생한 집단 목격 사건
기괴한 광선을 발사하던 UFO

| 충격 정도 ★★★★☆ | [장소] 미국 [목격년도] 1966년 |

미국 뉴저지 주의 와나크 지방에서 유명한 UFO 사건이 발생했다. 1966년 1월 11일 오후 6시 반쯤, 해가 뉘엿뉘엿 진 저수지를 순찰하던 조셉 시스코는 '와나크 상공을 어떤 원반이 날고 있다'는 기이한 소식을 무전기로 듣는다. 주위를 경계하며 저수지에 도착한 조셉은 댐 부근 상공에서 어슴푸레하게 빛나는 물체가 소리도 없이 하늘 위에 떠 있는 것을 발견했다.
비슷한 시각, 소문을 듣고 저수지로 달려간 와나크의 시장, 해리 울프와 당시 14살이던 그의 아들 빌리도 원반을 목격했다. 시장은 발광체의 크기가 약 1~3m쯤 되어 보였으며, 빛은 약했지만 깜빡거리진 않았다고 증언했다. 또한 빌리는 물체의 색이 흰색, 붉은색, 초록색 등으로 바뀌었다고 했다. 이 물체는 헬리콥터나 비행기와는 전혀 생김새가 달랐다고도 했다. 얼마

▲와나크 저수지에 출현한 하늘을 나는 미지의 원반

▲당시의 와나크 저수지 모습

안 가 원반은 위아래로 이동하다가 얼어붙은 호수 위로 착륙하려는 듯이 움직이면서 기괴한 광선을 발사했다! 광선은 호수를 덮고 있던 두께 약 5cm의 얼음에 직경 약 3m 정도 되는 구멍을 뚫었다. 그러나 왜 얼음에 구멍을 뚫었는지 파악하기도 전에, UFO는 갑자기 솟구치더니 모습을 감추었다. 그래서 아직까지도 원반의 정체와 광선을 발사한 목적은 밝혀지지 않았다. 더욱이 당시 촬영한 사진 자료는 정부가 압수해 버려 검증을 할 수도 없었다고 한다. 이 사건이 발생한 뒤 저수지 댐에 레이더를 설치했지만, 그 후로 새로운 정보는 없었다.

발광하는 원반형 UFO
▲ 와나크에 나타난 UFO가 기괴한 광선을 발사하던 순간이 찍혔다. 이런 UFO 사진은 굉장히 드물다.

제1장 충격의 UFO 사진과 목격담

UFO 역사는 여기에서 시작했다!
케네스 아놀드 사건

충격 정도 ★★★★★ [장소] 미국 [목격년도] 1947년

처음으로 미확인 비행 물체의 목격담을 대중에게 알린 인물이 미국의 사업가였던 케네스 아놀드였다. 1947년 6월 24일, 케네스는 워싱턴 주 체하리스에서 야키마로 가기 위해 개인 비행기에 탑승했다. 그때 소식이 끊긴 해병대 수송기를 찾는 데 협력해 달라는 공군의 무선 연락을 받았다. 이에 케네스는 조종사에게 이륙을 명했고, 그를 태운 비행기가 레이니어

▲UFO가 자주 출몰하는 레이니어 산

산 상공 2,300m 지점에 도착한 오후 3시경, 기체 상공에 빛을 내는 9기의 비행 물체가 모습을 드러냈다.
이 9기로 구성된 편대는 급강하와 급상승, 지그재그 비행을 시작했다. 편대의 전체 길이는 약 8km, 각 비행체의 길이는 15m, 속도는 시속 약 2,700km에 달했다.

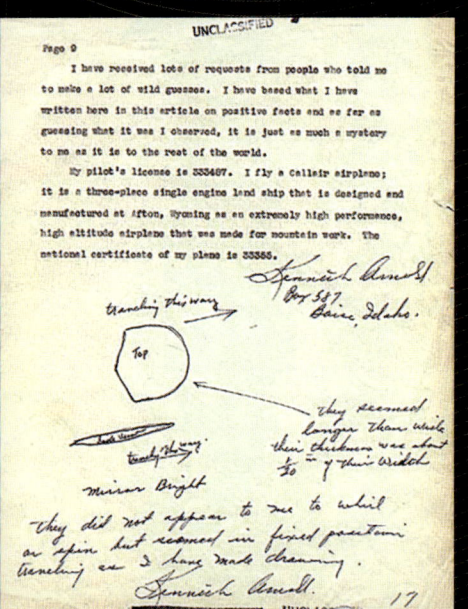

◀케네스 아놀드가 그린 하늘을 나는 원반 스케치. 평평한 모양이다.

제1장 충격의 UFO 사진과 목격담

"각 비행 물체는 수면을 스치고 지나가는 것처럼 비행했다. 커피 잔 받침을 서로 맞붙인 것 같은 모양이었다." 케네스의 목격담으로 수수께끼의 비행 물체는 '하늘을 나는 접시(Flying saucer)'라고 불리기 시작했다. '하늘을 나는 원반'이라는 단어의 시초인 셈이다.

▲ 처음으로 '하늘을 나는 원반'을 목격한 케네스 아놀드. 그가 손에 든 것이 바로 미확인 비행 물체를 재현한 일러스트다.

하지만 사실 케네스는 '받침 접시가 수면을 튀어 오르는 듯한 비행 방식'이라고만 했을 뿐이고 이 내용을 취재한 기자가 '받침 접시 같은 모양'이라고 오해하고 위에서 언급한 표현을 사용했다고 한다. 사실 그가 스케치한 원반은 반달 모양으로, 받침 접시를 맞붙인 것처럼 보이진 않는다.

이 사건 이후로 UFO라는 단어가 일반적으로 통용되던 1960년대까지 미확인 비행 물체를 표현하는 데 '하늘을 나는 원반'이라는 단어가 전 세계에서 사용되었다. 또한 케네스의 냉정하고 합리적인 목격담은 UFO의 존재를 세상에 설득력 있게 알리는 데 일조했다. 비행 물체의 모양과 비행법은 당시의 비행 기술보다 월등했기에 지구 밖 문명에서 찾아온 것이 아닐까 추측했다.

UFO가 1,400발 이상의 고사포(高射砲, 비행기를 공격하기 위한 지상화기)를 맞았다!

로스앤젤레스 공습 사건

충격 정도 ★★★★☆　　[장소] 미국　[목격년도] 1942년

미국 서부 캘리포니아 주 로스앤젤레스를 공포로 몰아넣은 사건이 발생한 건 1942년 2월 25일 오전 2시 15분이었다. 로스앤젤레스에 있는 육군 기지 소속 대공 감시원은 태평양 쪽에서 시속 약 320km로 날아오는 빛을 내는 15기의 비행 물체를 발견했다. 그로부터 약 10분 뒤, 로스앤젤레스 일대에 공습경보가 발령되었다.

당시는 일본 해군에 의한 하와이 진주만 기습 사건이 있은 지 3개월밖에 지나지 않은 시점이었기에 군에서는 이 미확인 물체를 일본군이라고 생각한 것이다. 하지만 일본군이 아니었다.

비행 물체는 로스앤젤레스 하늘에서 멈추었다. 그것들은 전투기가 아니었다. 전투기는 결코 공중에서 정지할 수 없기 때문이다. 오전 3시 16분, 탐조등이 하늘에 정지한 비행 물체를 비춤과 동시에 육군 제37연안 방비 포병 여단이 고사포로 대공 포화를 시작했다. 하지만 군이 오전 4시 14분까지 약 58분 동안 1,430발 이상을 쏟아 부었음에도 한 대의 UFO도 격추시키지 못했다.

미지의 비행 물체는 아무 피해도 입지 않은 채, 시속 약 75km로 산타모니카 쪽으로 날아가더니 롱비치에 다다를 무렵 모습을 감추었다. 이 사건으로 불발탄이 떨어져 6명의 사상자가 속출하기도 했다.

당시 상황이 라디오로 생중계되었던 터라 곳곳에서 들려 온 목격담 또한 차고 넘쳤다. 그중에는 다음과 같은 것도 있었다.

"어디서 왔는지 모를 소형 물체들이 지그재그로 날아다니다가 갑자기

사라져 버렸어요."

"정확히 몇 개였는지는 모르겠지만, 수십 개가 넘는 물체가 고속으로 하늘을 날아다니더군요."

"6기에서 9기 정도 되는 비행 물체가 편대를 이루며 천천히 하늘을 날아다녔어요. 자기들 때문에 땅에서 어떤 소란이 일어나도 상관없는 것 같더군요."

이렇게 모든 목격담이 일치하는 건 아니다. 집채만 한 비행 물체 2대를 봤다는 사람도 있었다.

이 시절은 UFO나 하늘을 나는 원반이라는 단어가 정립되기 전이었다. 사건의 진상은 여전히 안개 속을 헤매고 있다.

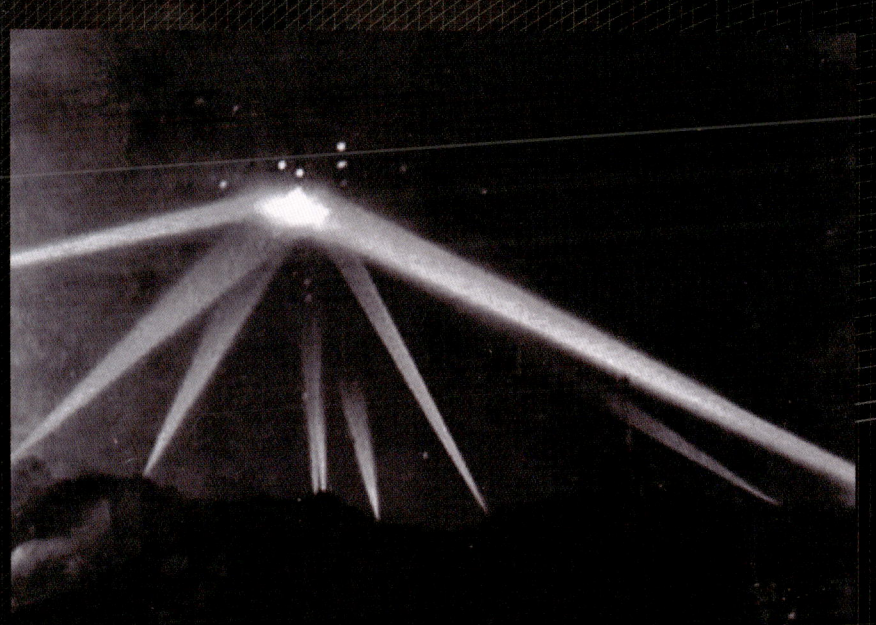

고사포를 맞고 있는 UFO
▲UFO는 탐조등 중심에 위치하고 있는데, 그 주위에서 빛나는 것이 바로 작열하는 고사포다.

FILE No. 005 UFO & Alien

애리조나에서 발견된 하늘을 나는 원반

구두 굽 모양의 UFO

충격 정도 ★★★★★   [장소] 미국 [목격년도] 1947년

미국 애리조나 주 피닉스에 살던 윌리엄 로즈는 1947년 7월 7일, 제트기 소리 비슷한 것을 들었다. 밖으로 나가니 상공 약 900m 지점에서 구두 굽처럼 생긴 것이 나는 게 보였다.
UFO는 뒤로 다시 돌아오거나 진행 방향을 바꾸면서 세 번

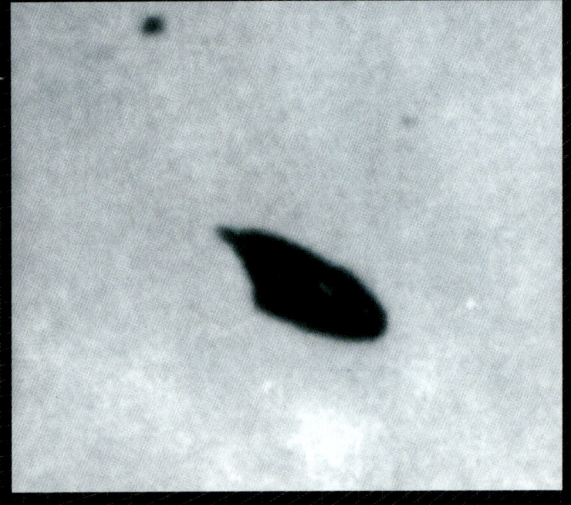

구두 굽 모양의 UFO
▲로즈가 촬영한 신발 굽 모양의 UFO. 소위 말하는 '하늘을 나는 원반'이다.

정도 급선회하더니 그대로 서쪽 하늘을 향해 날아가 버렸다. 크기는 약 6~10m, 시속 약 160km 정도였다고 한다.
그 뒤로 윌리엄은 FBI(미국 연방 조사국) 직원과 해밀턴 기지의 정보 장교들에게 불려가 수많은 질문 세례를 받은 뒤 당시에 그가 찍은 사진까지 빌려줬다. 하지만 이 사진은 다시 윌리엄에게 돌아오지 않았고, 윌리엄 역시 그 뒤로 UFO에 대해서 한 마디도 하지 않았다.
이 시기 미국에서는 UFO 목격 사건이 전국에서 발생했다. 혹시 윌리엄의 사진에 정부가 숨기고 싶었던 비밀이 있었던 건 아닐까?

UFO에 격추당했을까?
만텔 대위의 비극

충격 정도 ★★★★☆ [장소] 미국 [목격년도] 1948년

미국 켄터키 주 북부에 있는 갓맨 공군 기지 주위에서 1948년 1월 7일, 미확인 비행 물체가 나타났다. 목격자들의 말에 따르면 은색 공을 약간 찌그러뜨린 모양으로 윗부분이 붉은색으로 깜박거렸으며, 직경은 약 100m 남짓 되었다고 한다.
이 물체의 정체를 확인하라는 지시를 받은 이가 공군 소속 토머스 만텔 대위였다. P-51 전투기를 타고 기지를 떠난 대위가 마지막 연락을 한 건 오후 3시 15분경이었다.
"(UFO는) 정면 위쪽으로 상승 중이다. 시속 약 470km다. 6,000m까지 고도를 올려도 물체를 잡지 못하면 추격을 포기하겠다."
오후 4시 15분경 기지에서 약 150km 떨어진 곳에서 기체의 잔해와 대위의 시신이 발견되었다. 시신의 손목시계는 3시 18분을 가리키고 있었다. 사건에 대한 공식 발표에 따르면 만텔 대위는 비행 물체를 금성으로 오인하여 추격하다가 의식을 잃었다고 한다. 그러나 베테랑 조종사였던 대위가 그런 초보적인 실수를 했을 리 없다. 따라서 만텔 대위는 UFO에 접근한 탓에 격추된 것이 아닌지 의심하는 사람도 있다.

▲토머스 만텔 대위가 탄 P-51 전투기의 잔해. UFO 역사 초기에 발생한 충격적인 사건이다.

제1장 충격의 UFO 사진과 목격담

FILE NO. 007 UFO & Alien

시가 모양의 UFO가 미국 민간기에 접근했다!
이스턴 항공기 사건

충격 정도 ★★★☆☆ [장소] 미국 [목격년도] 1948년

① 948년 7월 24일 오전 2시 45분경, 미국 이스턴 항공 여객기는 앨라배마 주 몽고메리 상공 고도 약 1,500m 부근을 비행 중이었다. 기장 클라란스 차일즈는 상공의 오른쪽 방향에서 붉은빛을 내는 물체가 접근하는 것을 발견했다. 부기장인 존 휘테드가 그것을 발견했을 때는 이미 맹렬한 속도를 내며 코앞까지 다가온 뒤였다.

충돌한다! 두 사람 모두 숨을 멈춘 순간, 빛은 비행기와 부딪히기 직전에 각도를 크게 틀면서 솟구쳤고 구름 사이로 사라졌다. 이 모두가 10초 동안 발생했다.

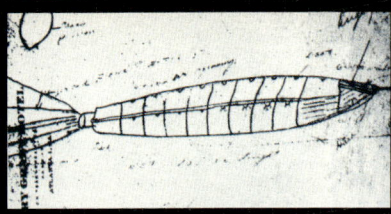

빛나는 원통 모양의 UFO
▲ 이스턴 항공 DC-3기가 만난 UFO를 그린 일러스트와 목격자인 기장이 그린 스케치

공식 보고서에 따르면 이 물체는 원통형이었으며, 추정 길이가 약 30m로 동체에는 창문이 2열로 나 있었는데 밑에서부터 암청색 빛이 강렬히 빛났다고 한다. 더욱이 꼬리 부분에서 약 15m 길이의 오렌지색 불꽃이 분출되었다.

운석이라는 추측도 있지만 보고된 내용은 운석의 특징과는 전혀 달랐다. 이 미지의 물체는 스스로 생각할 수 있는 능력을 지닌 비행 물체였던 셈이다.

FILE No. 008
UFO & Alien

소형UFO와 20분 동안 접근전을 펼치다!
고먼 소위의 공중전

| 충격 정도 ★☆☆☆☆ | [장소] 미국 [목격년도] 1948년 |

미국 노스다코타 주 공군 소속의 조지 고먼 소위가 P-51 전투기의 훈련 비행을 마치고, 파고 기지로 돌아가던 길이었다. 1948년 10월 1일 오후 9시경의 일이다. 돌아가던 길에

▲조지 고먼 소위가 탔던 것과 같은 기종의 전투기

반짝거리는 기묘한 빛을 발견하고는 뒤를 쫓기 시작했다. 소위가 가까이 다가가자 빛은 왼쪽으로 선회했다. 소위가 속도를 내니 이번에는 급선회하면서 위로 솟구쳐 올랐다.
더는 추격할 수 없다고 판단한 소위는 반대 방향에서 공격하기로 결정하고 시도했지만 도리어 정면충돌할 뻔했다.
"이젠 끝이다!"
소위가 각오한 순간, 빛은 P-51의 150m 상공에서 아슬아슬하게 빗겨갔다. 하지만 그 직후 빛은 또다시 돌진해 왔다.
이렇게 소위와 빛은 빛이 모습을 감추기 전까지 20분 동안 쫓고 쫓기는 공중전을 계속했다.
이 발광체의 정체에 대해서는 설이 많지만 현재로서는 기구였거나 아니면 목성이었을 가능성이 높다고 한다. 하지만 그것만으로 빛의 정체를 설명할 수 없는 것만은 확실하다.

제1장 충격의 UFO 사진과 목격담

새, 아니면 비행기?
V자 형으로 날아다니던 괴상한 빛
러벅의 빛

| 충격 정도 ★★★☆☆ | [장소] 미국 [목격연도] 1951년 |

미국 뉴멕시코 주의 앨버커키 교외에 살던 부부가 1951년 8월 25일 오후 9시경, 자택 정원에서 북쪽에서 남쪽으로 빠르게 날아가던 V자 형의 물체를 목격했다.

고도는 약 250~300m, 물체의 추정 길이는 약 75m. 앞에서 뒤로 여러 개의 검은 선이 걸쳐져 있었고 날개의 뒤쪽에는 파랗게 빛나는 8개의 라이트가 달려 있었다. 20분 뒤, 텍사스 주 러벅에서 텍사스 공과 대학의 교수인 W.로빈슨도 자택 정원에서 두 명의 동료와 함께 15~20개 정도의 황백색으로 빛나는 물체를 목격했다. 로빈슨 교수의 말에 따르면 발광체는 그날에만 두 번이나 나타났고, 다음날부터 2~3주 동안 10회 이상 모습을 드러냈다고 한다.

이들 외에도 목격자가 수백 명에 달한다. 8월 31일에는 같은 대학 1학년인 칼 하트 주니어가 5장의 연속 사진을 촬영했다. 그 사진을 바탕으로 발광체의 정체와 사진의 진위 여부에 대해 설왕설래했으나, 아직까지 명확한 결론은 내리지 못한 상태다.

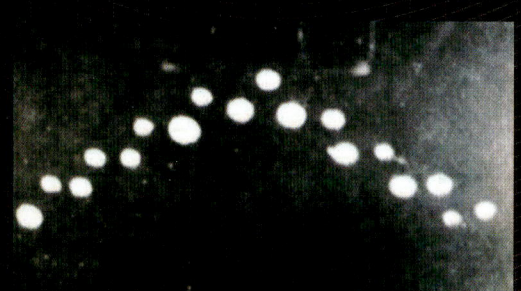

러벅의 빛
◀미국 러벅에서 칼 하트 주니어가 촬영에 성공한 V자 모양의 괴상한 발광체. 1대인지, 아니면 수십 대로 이루어진 건지는 알 수 없다.

대통령이 UFO 공격에 응사하라고 명령했다!

워싱턴 공습 사건

충격 정도 ★★★★★　　[장소] 미국　[목격년도] 1952년

미국 워싱턴에 UFO 무리가 출현했다! 이 이상한 사건이 발생한 것은 1952년 7월 19일 오후 12시 40분이었다. 워싱턴 국제 공항 관제 센터에 있는 레이더에 7개의 점이 포착됐다. 이 점들은 일제히 사라졌다가 다시 나타났다.

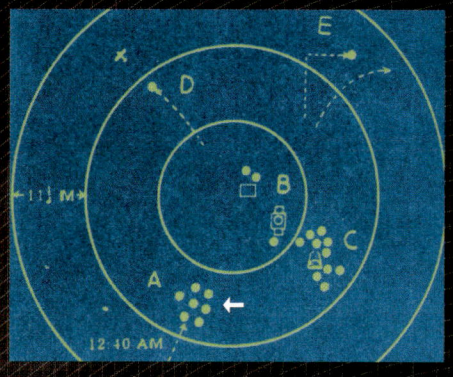

▲ 7대의 UFO(화살표 부분)를 잡은 관제 센터의 레이더

다음날 새벽 3시, 공군이 2대의 전투기에 공격 명령을 내렸지만, 점들은 모습을 완전히 감추었다.

하지만 7월 26일, UFO 무리는 다시 워싱턴 상공에 나타났다. 위기감을 느낀 백악관에서는 이 미확인 비행 물체에 대해 논의하기 시작했으며, 당시 대통령인 해리 트루먼은 물리학자인 앨버트 아인슈타인에게 전화를 걸어 의견을 구하기도 했다. 다음날 새벽 2시 40분, 대통령의 명령을 받은 전투기가 다시 출격했지만 이번에도 UFO들은 모습을 감추고 말았다.

이것을 마지막으로 사건은 종결되었다. 정부는 이 사건이 자연 현상이었다고 발표했지만, 전투기 조종사들은 그 누구도 정부 발표를 믿지 않았다고 한다.

20세기, 전 세계에서 목격했다!
아담스키형 UFO

| 충격 정도 ★★★★★ | [장소] 미국 | [목격년도] 1952년 |

조지 아담스키는 미국 캘리포니아 주 모하비 사막을 무언가에 끌린 사람처럼 찾아왔다. 1952년 11월 20일 점심 무렵이었다. 그를 이끈 것은 하늘을 나는 거대한 원반이었다. 얼마 안 있어 지상에 착륙한 원반에서 미남자 한 명이 나타났다. 그의 신장은 160cm 정도로 얼핏 보기엔 인간과 똑같았지만, 말이 통하지 않았다. 두 사람은 텔레파시로 대화를 나누었다.

▲UFO 접촉자인 조지 아담스키

외계인은 자신이 금성에서 왔으며 지구에 온 이유는 지구 핵폭발의 위험을 조사하기 위해서라고 했다. 금성인은 자신이 타고 온 원반의 비행 원리에 대해서도 설명해 주었다. 조지는 이 금성인에게 오손이라는 이름을 붙여 주었다. 그 뒤 조지는 오손의 동료들과도 만났으며 그들의 원반을 타고 종종 우주여행을 떠났다.

◀아담스키가 촬영한 금성의 원통형 모선. 주위에 소형 정찰정들이 빛나고 있다.

1954년 8월에 한 우주여행에서는 원반 안에 설치된 입체 화면으로
격납고가 설치된 달의 표면과 오손의 고향별이기도 한 금성을 보기도
했다. 그곳에는 돔 형태의 건물들이 빼곡이 세워진 도시가 있었다.
조지처럼 다른 별에서 온 외계인과 우호적인 만남을 가지며
우주여행을 하는 사람을 '접촉자'라고 한다. 특히 조지 아담스키가
촬영한 UFO는 윗부분에 돔이 붙어 있는 독특한 형태를 갖추고 있어서
이런 모양의 UFO를 '아담스키형 UFO'라고도 부른다. 이런 형태의
UFO는 그 뒤로도 종종 목격되었다. 조지는 1965년 4월, 74세의
나이로 세상을 떠나기 전까지 25차례나 외계인과 만났다고 한다.
외계인과의 접촉담은 일반적인 상식으로는 헛소리에 지나지 않지만,
조지를 믿는 사람도 굉장히 많다.

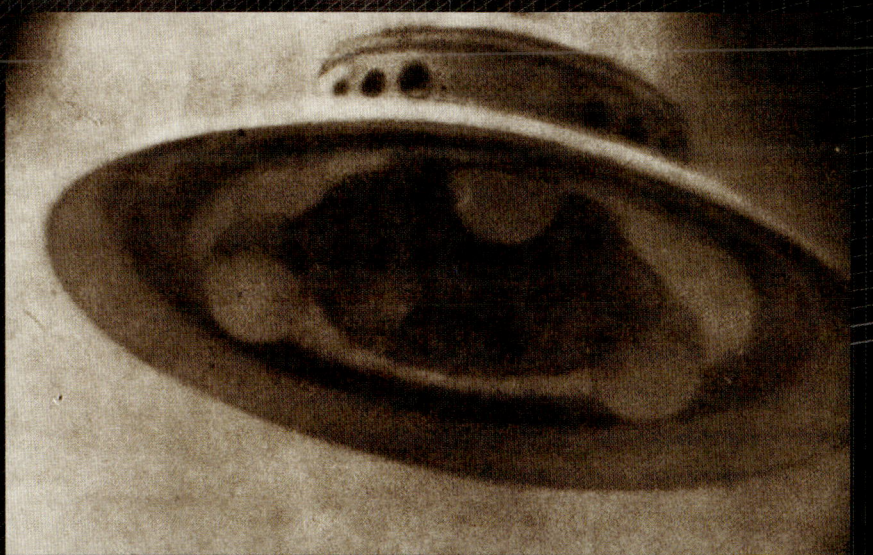

아담스키형 UFO
▲아담스키가 1952년 12월 13일에 캘리포니아 주에서 촬영한 UFO. 돔 형태의 지붕이 있고 돔의 측면에는 창이 달려 있으며, 밑바닥에 원 모양의 돌출물이 있는 게 특징이다.

012 UFO & Alien

인간이 만든 비행 물체로는 불가능하다?
급각도로 회전하던 UFO

충격 정도 ★★★☆☆   [장소] 미국   [목격년도] 1956년

미국 하와이 주에 1956년 3월 5일 오후 8시 45분경, 3대의 UFO가 나타났다. UFO는 편대를 이루어 비행하다가 동시에 약 130도로 방향을 틀었다. 당시의 기술로는 결코 이렇게 움직일 수 있는 비행 물체를 만들 수 없었다. 이 충격적인 순간을 촬영한 사람은 호놀룰루에 거주하던 윌리엄 완날이었다. 부인과

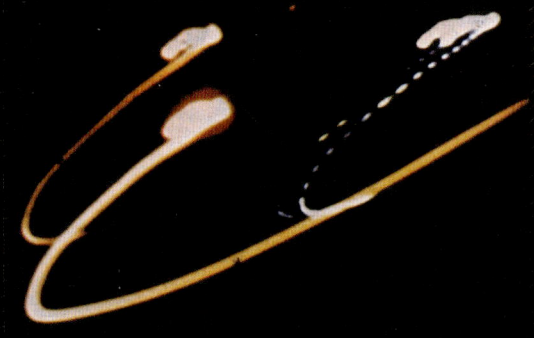

▲이 정도로 회전할 수 있는 비행 물체를 현재 인류의 과학 기술로는 만들 수 없다.

함께 차를 타고 가다가 괴상한 빛을 목격한 윌리엄은 당시를 이렇게 회상했다.

"UFO로 보이던 물체의 크기는 약 25센트 동전 정도였어요. 고도 60m 지점에서 3대가 편대를 이루어 비행하고 있었죠. 아내와 전 깜짝 놀라 1분 정도 멍하니 보기만 했어요."

그때 윌리엄은 근처에 공항이 있어 이착륙하던 비행기들이 충돌 사고라도 일으킨 건 아니었는지 걱정했다고 한다.

FILE No. 013 UFO & Alien

원반에 탔던 외계인은 우호적이었다!
뉴기니의 UFO

| 충격 정도 ★★★☆☆ | [장소] 파푸아뉴기니 | [목격년도] 1957년 |

▲뉴기니 섬에 나타난 UFO를 재현한 그림

뉴기니 섬 동쪽 끝에 위치한 굿이너프 만 인근 마을에 1957년 6월 27일 저녁, UFO가 나타났다. 처음 UFO를 발견한 사람은 마을 주민으로, 그는 자신이 본 것을 마을에 있던 영국 출신의 전도사 윌리엄 길에게 알렸다. 소식을 들은 윌리엄은 현장으로 달려갔는데, 그곳 하늘에는 원반 모양의 UFO 1대와 그 주위를 빛을 내며 도는 3대의 작은 UFO가 떠 있었다. 게다가 대형 UFO 위에는 사람 그림자 같은 것도 있었다. 윌리엄이 그들을 향해 손을 흔들자, 그들도 손을 흔들어 화답했다고 한다.

그러나 기체에서 푸른빛이 점멸하자 3대의 UFO는 모습을 감추었다. 알고 보니 이 마을 주변에서 6일 전부터 UFO가 수차례 나타났었다고 한다. 특히 6월 27일에는 윌리엄 외에도 38명이나 되는 사람들이 UFO를 목격했다. 이 사건의 특징은 UFO 승무원이 인간에게 우호적이었다는 데 있다. 하지만 그들이 누구인지, 그들이 왜 그곳에 왔는지는 여전히 오리무중이다.

제1장 충격의 UFO 사진과 목격담

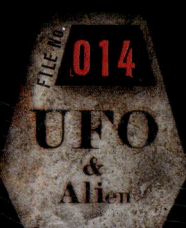

FILE NO. 014 UFO & Alien

2대의 UFO에 공격당한 주민!

트란카스 사건

| 충격 정도 ★★★☆☆ | [장소] 아르헨티나　[목격년도] 1963년 |

아르헨티나 투구만 주의 트란카스. 1963년 10월 21일 오후 9시 반쯤, 마을을 통과하는 철도 선로에서 100m 떨어진 곳에 2개의 빛나는 물체가 나타났다.
근방에 살던 모레나 가의 딸들은 그것을 수상히 여겨 가까이 다가갔다.

▲UFO를 재현한 일러스트. 위는 좌우 원반을 연결하는 관을 통해 사람들이 이동하는 모습을 그린 것. 아래는 좌우 원반의 상세도이다.

빛으로 만든 듯한 긴 관 속에서 40여 명의 사람 그림자가 일렁였고, 직경 10m 정도 되어 보이는 또 다른 물체는 하늘로 떠오르더니 녹색으로 빛나기 시작했다. 그 물체에는 6개의 창문이 있었고, 금속제로 보이는 못 같은 돌출물도 확인할 수 있었다. 그때 창문이 열리는가 싶더니 여인들을 향해 불꽃이 발사되었다. 여인들은 다급히 바닥에 엎드렸다. 놀란 세 사람은 기회를 틈타 집으로 도망간 뒤 다시 물체가 있는 곳을 유심히 살폈다. 물체는 어느새 6개로 늘어나 있었다. 게다가 이번에는 집을 향해 광선을 발사하는 것이 아닌가! 그 열기로 실내 온도는 40℃까지 치솟았다. 그로부터 30분 뒤, 6개의 물체는 다시 하나로 합쳐지더니 동쪽으로 날아갔다고 한다.

착륙의 흔적을 둥글게 남기고 사라졌다!
소코로의 UFO 사건

| 충격 정도 ★★★★☆ | [장소] 미국 [목격년도] 1964년 |

미국 뉴멕시코 주 소코로 지역 경찰인 로니 자모라가 착륙한 UFO를 목격한 건 1964년 4월 24일 저녁 무렵이었다. 당일 자모라는 속도위반을 한 차를 쫓아가다가 근방에서 굉음과 함께 불꽃이 피어오르는 것을 보았다. 추격을 멈춘 로니는 불꽃이

▲로니 자모라가 목격한 UFO와 외계인을 재현한 일러스트

피어오른 현장으로 급히 차를 몰았다. 그곳에서 그가 본 것은 금속 느낌의 섬광을 발사하는 수수께끼의 물체와 그 근처에 서 있던 하얀 사람의 그림자였다. 그 광경을 보고 자동차 사고가 났다고 생각한 로니가 가까이 다가가자, 굉음과 함께 물체의 아랫부분에서 불꽃이 분출되더니 사방에서 모래바람이 일기 시작했다. 로니는 "그대로 공중에 뜨더니 지상 4~5m쯤 되는 곳에서 고속으로 날아갔다. 물체의 옆면에는 큼지막하고 불그스름한 기호가 적혀 있었다."고 말했다. 그 뒤로 현장 조사를 실시했는데, 그곳에서 불에 탄 것 같은 흔적이 둥글게 남아 있는 것을 발견했다. 또한 근처에는 인간의 발자국 비슷한 것도 있었다. 조사 결과, 자연 현상은 아니며 무언가 미지의 물체가 그곳에 착륙했던 것으로 추측했다. 현장을 조사한 미 공군의 UFO 조사 기관은 미해결 사건으로 결론지었다.

제1장 충격의 UFO 사진과 목격담

전문 카메라맨이 UFO를 촬영했다!
트린다데 섬의 UFO

충격 정도 ★★★★ [장소] 브라질 [목격년도] 1958년

브라질 중동부 지역, 대서양 해안에 위치한 트린다데 섬에서 사건이 발생한 것은 1958년 1월 16일이었다.

그날 섬의 연안에는 브라질 해군 소속의 과학 관측선이 정박 중이었다. 배에는 수중 사진을 전문적으로 촬영하는 프리랜서 카메라맨, 알미로 바라우나가 타고 있었는데, 출항 시간이 가까워 오자 갑판 위에서 선원들이 작업하는 모습을 촬영하고 있었다. 오후 12시 15분경, 선원 몇 사람이 갑자기 소리를 지르며 하늘을 가리켰다.

"저것 좀 봐요! 저게 뭐예요?"

그들이 가리킨 곳을 본 알미로는 기묘한 모양의 UFO가 날고 있는 것을 발견하고 14초 만에 6장의 사진을 연달아 촬영했다.

그중 4장에 UFO의 모습이 찍혔다.

사진에 찍힌 물체는 타원형으로 생긴 기체의 중앙을 에워싼 것처럼 밀짚

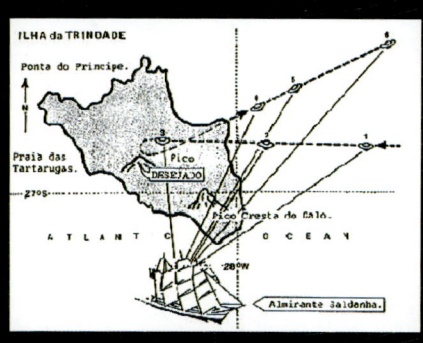

▲목격자들의 증언을 종합해서 그린 UFO의 비행 경로

모자의 챙 같은 것이 붙은 형태였다. 이른바 '토성 모양 UFO'였다.

사실 조작된 사진이 아닌가 의심할 수도 있다.

하지만 이 사진은 전문 카메라맨이 찍었으므로 어느 정도는 신뢰할 만하다. 실제로 그가 찍은 사진들은 훗날 충분한 검증을 거쳤는데, 그

어디에서도 조작된 흔적을 찾을 수 없었다.
이러한 이유로 알미로의 사진은 현존하는 UFO 사진 중에서 최고의 유명세를 타게 되었다.
더욱이 이 사진에는 중요한 포인트가 있다. 세계적인 투시 능력자였던 네덜란드의 피터 풀코스가 밀봉된 봉투에 넣은 이 사진을 초능력으로 투시한 뒤 다음과 같이 말했다.
"내부에 작은 사람이 있다!"
그렇다. 피터 풀코스는 이 UFO가 진짜이며, 안에 '작은 사람=외계인'이 탄 유인 우주선임을 투시로 알아낸 셈이다.

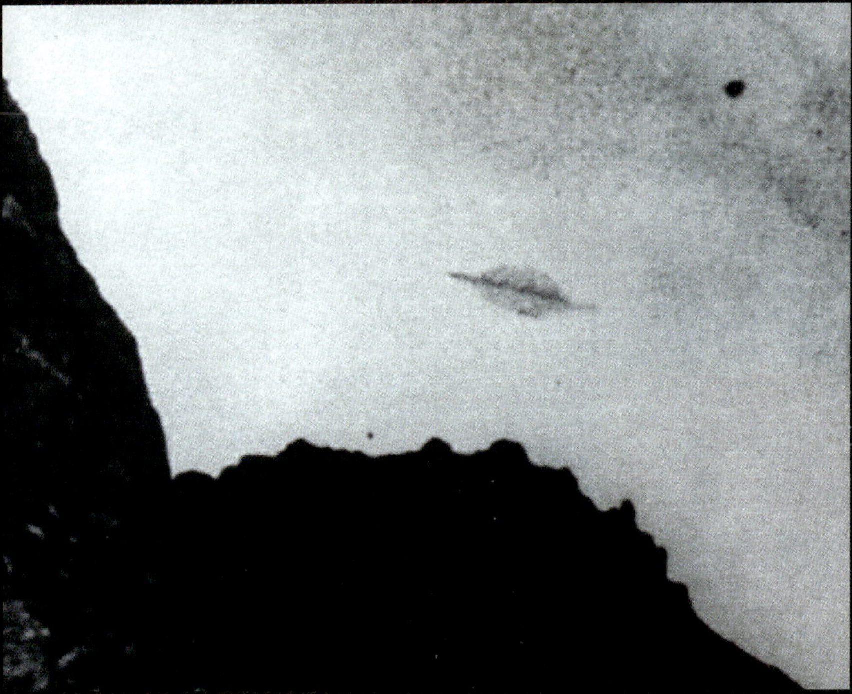

토성 모양의 UFO
▲알미로 바라우나가 트린다데 섬에서 목격한 뒤 촬영한 것이다.

FILE No. 017 UFO & Alien

세 가지 색으로 바뀌던 컬러풀한 비행 물체

털사의 괴이한 UFO

충격 정도 ★★★★★　　[장소] 미국　　[목격년도] 1965년

미국 오클라호마 주 털사에 사는 14세 소년 앨런 스미스는 UFO를 촬영하는 데 성공했다. 1965년 8월 3일 오전 1시 45분의 일이다. 앨런은 자신의 집 뒤뜰에서 흰색, 붉은색, 청록색으로 다채롭게 변하면서 천천히 하늘을 나는 수상한 물체를

화려한 색의 UFO
▲앨런 스미스가 촬영한 비행 물체를 확대한 사진. 상세한 모양은 알 수 없다.

목격했다. 그 자리에는 그의 아버지와 다른 가족 세 명도 있었다. 훗날 미국 공군 소속의 사진 분석 팀이 UFO 연구 계획의 일환으로 이 사진을 조사했다. 그 결과 조명을 찍은 가짜 사진이라는 소문이 무색하게 직경 약 10m 정도 되는 진짜 UFO라는 결론을 내렸다.

더욱이 1977년에는 과학자와 변호사가 모인 UFO 연구 단체 GSW(Ground Saucer Watch)에서도 이 사진을 컴퓨터로 분석했는데, 지금까지 알려진 비행 물체와는 다른 특이한 것이라는 분석 결과를 내놓았다.

미지의 발광체가 개기 일식 중에 나타났다!
콩코드에서 촬영된 UFO

충격 정도 ★★★☆☆　[장소] **차드 상공**　[목격년도] **1973년**

개기 일식이 일어난 1973년 6월 30일, 현상을 관측하던 과학자들을 태운 초음속기 콩코드는 아프리카의 차드 상공, 약 17,000m 지점의 성층권을 비행 중이었다. 그때 우연히 괴상한 물체가 당시 녹화 중이던 영상에 찍혔다. 언뜻 보면 빛을 반사하는 구름처럼 보이지만, 콩코드가 있던 고도에 구름이 있을 리 없었다. 또한 운석이나 대기 중에 내리친 벼락과도 전혀 달랐다.

1974년 1월 31일, 프랑스 국립 과학 조사 센터는 반년 간에 걸친 필름 조사를 마친 뒤, 원반의 정체를 직경 약 200m 이상 되는 UFO라 결론지었다. 하지만 그냥 물체였는지 아니면 발광하는 물체였는지는 파악할 수 없었다. 6월 31일에는 프랑스 국영 텔레비전이 이 UFO 영상을 방송으로 내보내 커다란 반향을 불러일으켰다. 콩코드는 영국과 프랑스가 공동으로 개발한 초음속기지만 유감스럽게도 현재는 사용하지 않는다.

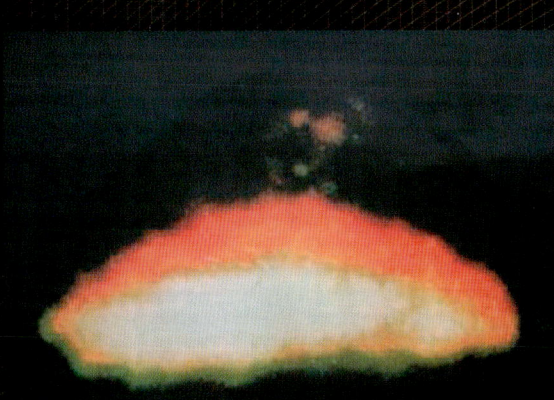

◀고도 17,000m 지점에서 촬영된 영상 중 한 컷. 오렌지 빛으로 빛나는 원반형의 물체가 보인다.

제1장　충격의 UFO 사진과 목격담

FILE No. 019 UFO & Alien

어떻게 비행하는지를 밝힌 결정적인 순간을 포착?

구름을 빨아들이는 UFO

| 충격 정도 ★★★☆☆ | [장소] 덴마크 | [목격년도] 1974년 |

덴마크 유틀란트 섬의 중부, 비보르에서 1974년 11월 17일, 마치 바다 속을 유영하는 해파리처럼 생긴 미확인 비행 물체를 촬영했다. 사진은 반려견과 함께 산책을 하던 라우르센이 우연히

비보르의 원반형 UFO
▲목격자들의 말에 따르면 위의 사진은 원반 모양의 비행 물체가 구름을 빨아들이는 모습을 포착한 것이라고 한다.

목격하고 가지고 있던 카메라로 찍은 것이다. 라우르센의 말에 따르면 처음에는 직경 20m쯤 되는 UFO가 구름에 휩싸여 있다가 UFO 아래쪽에 있던 구름들을 빨아들이면서 상승하더니 눈 깜짝할 사이에 사라졌다고 한다. 사진은 때마침 UFO가 구름을 빨아들이던 순간을 찍은 것이다.

덴마크의 UFO 연구가인 한스 피터센은 땅에서 약 100m쯤 되는 곳에 떠 있었을 것이라 추측했다. UFO 연구가인 콜먼 케비츠키는 이 사건을 근거로 UFO가 스스로 모습을 감추기 위해 수증기를 발생시키기도 한다고 주장했다.

카이코우라의 UFO

관제탑 레이더에도 잡힌 수수께끼의 물체

FILE NO. 020

충격 정도 ★★★★☆   [장소] 뉴질랜드   [목격년도] 1978년

오스트레일리아 텔레비전의 기자인 쿠엔틴 포가티는 스태프들과 함께 화물기를 타고 뉴질랜드에서 UFO를 봤다는 항공기의 궤적을 따라 취재 중이었다. 그리고 1978년 12월 30일, 뉴질랜드 남쪽에 위치한 카이코우라 반도 상공에서 UFO를 촬영하는 데 성공했다. 화물기 옆에 나타난 빛은 거대했고 흰색과 초록색의 강렬한 빛을 발하고 있었다.

관제탑에 확인한 결과, 화물기에서 약 20km 떨어진 지점에서 나란히 비행하고 있던 물체가 레이더에 잡혔다고 했다. 더욱이 화물기가 뉴질랜드의 크라이스트처치 공항에 착륙했다가 두 시간 뒤에 다시 이륙했을 때도 이 수수께끼의 물체는 또 한 번 모습을 드러냈다. 마치 비행 물체가 자신의 의사로 화물기를 따라다닌 것처럼 보였다. 쿠엔틴이 촬영한 이 영상이 세상에 공개되자, 빅뉴스가 되었다. 하지만 그 정체는 아직 수수께끼로 남아 있다.

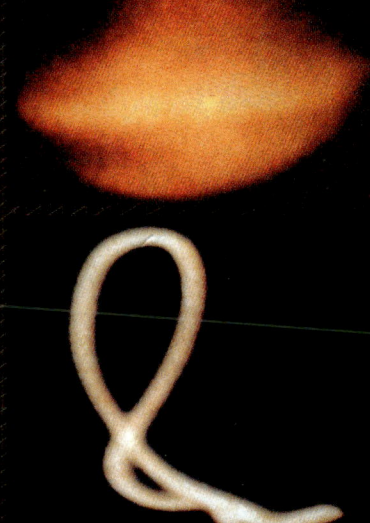

▲ 영상 필름에 기록된 수수께끼의 발광체

제1장 충격의 UFO 사진과 목격담

잡아온 UFO가 사라졌다!
케라 사건

| 충격 정도 ★★★★★ | [장소] 일본 고치 현 | [목격년도] 1972년 |

고치 현에서는 중학생 아이들이 소형 UFO를 잡는 특이한 사건이 발생했다. 1972년 8월 25일 오후 3시를 막 지났을 때, 고치 현 고치 시 케라에 사는 중학교 2학년 S군이 논 위에 떠 있는 괴상한 '물체'를 발견했다.

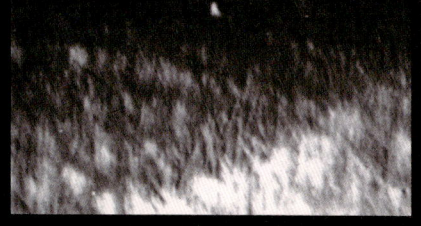

작은 모자처럼 생긴 UFO
▲저녁 무렵 논 근처에 출현한 소형 UFO를 촬영한 유일한 사진

집으로 돌아간 S군은 친구인 M군에게 이 사실을 말했고, M군과 M군의 형, 그리고 그 형의 친구와 함께 물체의 정체를 밝히기로 했다. 오후 8시가 지났을 무렵에도 그것은 여전히 논 위에 머물러 있었다. 얼마 안 있어 그것이 지상으로 착륙하자, S군이 손을 뻗었다. 그 순간 물체가 청백색으로 빛났다!

놀란 네 사람은 도망쳤다가 30분 뒤에 다시 그곳으로 돌아왔다. 하지만 이미 물체는 사라진 뒤였다. 그 뒤, 그들은 매일 밤 '물체=소형 UFO'를 찾아다니기 시작했다. 그리고 마침내 9월 6일, 여느 때처럼 논 주위를 헤매다가 챙 달린 모자처럼 생긴 UFO가 떨어져 있는 것을 발견했다. 수상한 물체에 돌을 던져 보았지만 아무 반응이 없었다. S군은 그것을

▲수수께끼의 물체를 발견한 장소를 가리키는 소년들

가지고 집으로 돌아왔다. UFO는 커다란 재떨이를 거꾸로 뒤집어 놓은 것 같은 모양이었는데 무게는 약 1.3kg, 높이는 약 7cm, 그리고 날개를 포함한 직경은 18.2cm였다. 탁한 은색으로 파도와 새 비슷한 문양이 새겨져 있었다. 흔들면 덜컹거리는 소리도 났다.

▲S군이 주운 물체를 재현한 것. 바닥에 기호가 새겨져 있다.

하지만 다음날 아침, UFO는 사라지고 없었다. 갑작스러운 UFO의 실종에 놀란 소년은 그것을 찾으러 논으로 달려갔다. 그랬더니 그곳에 똑같이 생긴 UFO가 떨어져 있는 것이 아닌가. 소년은 그것을 다시 주워서 집으로 가져왔지만 다음날 아침이면 논으로 되돌아가 있었다. 소년은 그것을 가지고 올 때마다 유성 펜으로 표식을 남겼는데, 논에서 주운 UFO에는 소년이 남긴 표식이 늘 남아 있었다. 9월 22일 밤에는 UFO를 자전거로 옮기기로 하고 자루에 넣고 꼼꼼히 봉한 다음 짐받이에 실었다. 하지만 가는 도중에 무엇인가가 몸을 미는 듯한 느낌이 들더니 자전거가 넘어지고 말았다. 소년은 몸을 일으키자마자 UFO를 확인했지만 자루 안에는 UFO가 없었다.

그 이후 이 소형 UFO가 소년들 앞에 나타나는 일은 없었다.

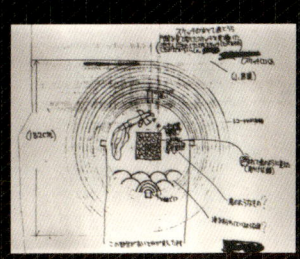
▲UFO를 목격한 소년이 재현한 물체의 바닥에 새겨져 있던 기묘한 기호

UFO와 외계인을 만난 초등학생!
코우후 사건

충격 정도 ★★★★★　　[장소] 일본 야마나시 현　　[목격년도] 1975년

일본에서 발생한 UFO 목격 사건 중에서 가장 유명한 것 중 하나가 바로 1975년 2월 23일 야마나시 현 코우후 시에서 발생한 UFO 착륙 사건이다.

목격자는 당시 초등학교 2학년이었던 K군과 Y군이다. 공터에서 놀고 있던 아이들은 오후 6시 반 동쪽 하늘에서 오렌지색으로 빛나는 2개의 물체를 발견했다. 그 물체는 아이들을 향해 다가왔다.

아이들이 멍하니 물체를 바라보는 동안, 빛은 머리 위에서 머물렀다. 원형으로 생긴 물체 밑바닥에선 3개의 장치가 빙빙 돌고 있었다. 아이들은 놀란 나머지 그 자리에서 벗어나 가까운 묘지로 몸을 숨겼다. UFO는 포도밭 쪽으로 날아갔다.

하지만 두 사람이 집으로 돌아가면서 포도밭 근처를 지날 때 다시 오렌지 빛깔의 UFO가 나타나 착륙하는 것이 아닌가? 물체의 크기는 직경 약 2.5m, 높이 약 1.5m로 사방에 몇 개의 창이 달려 있었다고 한다.

그때 문이 갑자기 열리더니 안에서 약 130cm 정도 되어 보이는 외계인이 나타났다.

▲UFO가 착륙한 포도밭에서 상황을 설명하는 K군과 Y군

외계인의 얼굴은 갈색이었고 주름이 가로로 나 있었으며, 은색 이빨이 3개나 나 있었다. 귀는 길었고 총처럼 보이는 것을 어깨에 메고 있었다. 또한 Y군은 다른 외계인이 "네가 Y군이지?"라며 말을 걸었다고 했다. 외계인의 목소리는 변조된 것처럼 이상했다고 한다. 아이들은 무서운 나머지 집으로 도망쳤다.

그 뒤에 UFO가 착륙했던 포도밭에서 쓰러진 전신주와 땅에 팬 자국이 발견됐다. 더욱이 착륙 지점 흙의 방사능을 측정한 결과, 주위의 흙보다 높은 수치가 검출되었다. 그 수치는 자연 상태에서 결코 나올 수 없는 수치였다.

이러한 UFO가 남긴 흔적은 두 소년의 경험을 뒷받침하는 중요한 증거가 되었다.

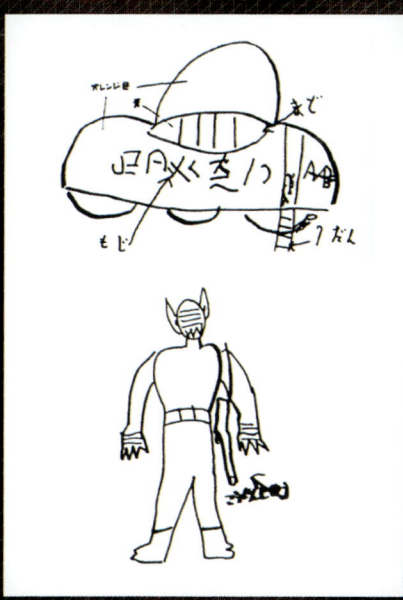 

▲ 소년들이 그린 UFO와 외계인 스케치. 우주선의 옆면에는 해독할 수 없는 기묘한 기호가 적혀 있었다고 한다.

작은 비행 물체가 광선을 발사했다!
핀란드의 미니 UFO

충격 정도 ★★★☆☆　　[장소] 핀란드　[목격년도] 1979년

핀란드 중앙에 위치한 스오넨요키에서 1979년부터 UFO가 출몰했다. 그해 3월 10일에도 기묘한 사건이 발생했다. 그날 저녁 무렵, 야르모 닛카넨은 집 근처를 산책하다가 숲속에서 금속

작은 벨 모양의 UFO
▲야르모 닛카넨이 촬영한 미지의 비행 물체

물체가 반짝이는 것을 보았다. 날이 완전히 저물자 종 모양을 한 약 50cm 정도의 작은 UFO가 모습을 드러냈다.
UFO의 윗부분은 파랗게 빛났고, 아랫부분은 붉게 빛났다. 야르모 닛카넨은 카메라를 가지고 와 사진을 찍으려고 했지만 플래시가 터지지 않아 촬영에는 실패했다. 손전등으로 UFO를 비추자 인기척을 느낀 UFO는 하늘로 솟구치더니 사라져 버리고 말았다.
UFO에 흥미가 생긴 그는 그 뒤로도 일대를 조사했는데, 엿새 후 다시 종 모양의 작은 UFO를 만났다. 이 물체는 붕붕 소리를 내며 눈부신 빛을 그에게 쏘더니 그대로 도망쳤다. 야르모는 눈이 부셔 앞을 제대로 볼 수 없었음에도 UFO를 쫓아 숲으로 들어가 위의 사진을 찍는 데 성공했다.

FILE No. 024 UFO & Alien

정부와 군에 손해 배상을 청구했다!

UFO에 습격당한 여인들

| 충격 정도 ★★★☆☆ | [장소] 미국 | [목격년도] 1980년 |

제1장 충격의 UFO 사진과 목격담

군의 비밀 병기 때문에 상해를 입었다며 민간인이 정부와 공군을 대상으로 손해 배상 소송을 제기했다. 소송을 제기한 이는 베티 캐시, 비키 랜드럼, 그리고 그녀의 손자인 콜비 랜드럼이다. 1980년 12월 29일 오후 9시경, 세 사람은 텍사스 주 휴스턴에서 50km 떨어진 고속도로를 달리고 있었다. 그때 밝게 빛나는 마름모 모양의 UFO를 만났는데, 그 UFO가 발사한 방사능에 피폭당해 후유증으로 계속 고생 중이라고 주장했다.

▲세 사람을 습격한 마름모 모양의 UFO를 재현한 일러스트

당시 UFO는 20대 이상의 치누크 수송 헬기에 둘러싸여 이동 중이었는데, 그 방향이 NASA(미국 항공 우주국)의 존슨 우주 센터가 있는 휴스턴 쪽이었다. 이것이 바로 그들이 UFO를 군의 비밀 병기로 생각한 이유이다.

만약 그들의 말이 사실이라면 UFO는 고장이 났거나 혹은 미완성품이었을 가능성이 있다. 하지만 그녀들은 재판에서 모두 패소하고 말았다.

◀왼쪽에서부터 비키 랜드럼, 손자인 콜비 랜드럼, 베티 캐시

자유자재로 모습을 바꾼 발광체!
헤스달렌의 빛

충격 정도 ★★★   [장소] 노르웨이   [목격년도] 1981년

노르웨이 헤스달렌 협곡에서는 1981년부터 수상한 빛이 자주 출몰하고 있다. '헤스달렌 라이트'라고 불리는 이 기괴한 빛은 갑자기 나타나 1시간 이상 공중에 머무르거나 분열되기도 하는 등, 자유자재로 움직인다고 한다. 1982년 2월에 북유럽의 UFO 연구 단체가 실시한 관측에서는 붉게 꿈틀거리는 빛이 나타나더니 상하좌우로 움직이거나 급선회 및 급정지 등을 했다고 한다. 1984년부터는 '프로젝트 헤스달렌'이라는 관측 팀이 결성되어 과학 조사를 해 나갔다.

그 결과 이 빛은 크기와 모양은 바뀌었어도 온도는 일정했는데, 온도가 무려 6500℃나 됐다고 한다. 또한 95%가 기체도 고체도 아닌 플라즈마 상태인 것도 알았다. 하지만 지구에서는 그 어떤 플라즈마도 이 정도의 열을 낼 수 없다고 한다. 결국 '헤스달렌의 빛'도 정체불명의 이상 현상인 셈이다.

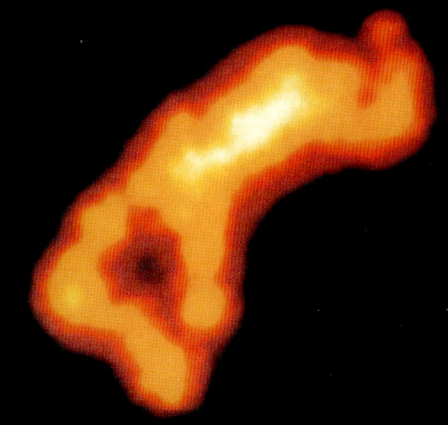

헤스달렌 라이트
▲1982년에 촬영한 것으로 형태가 자주 바뀌었다. 외계인과 직접적인 관계는 없지만, 이것도 미확인 비행물체 중 하나다.

100만 명이 기묘한 현상을 목격했다!

중국의 소용돌이 모양 UFO

| 충격 정도 ★★★★★ | [장소] 중국 | [목격년도] 1981년 |

실제 목격자 수가 100만 명이 넘는 전대미문의 UFO 사건이 발생한 것은 1981년 7월 24일의 일이다. 오전 10시 반부터 11시 반까지 중국 대륙 중부 전역에 걸쳐 목격된 이것은 약 1분 동안 모습을 드러냈다고 한다.

▲중국에 나타난 소용돌이 모양 UFO에 대해 보도한 현지 신문 기사

처음에는 별처럼 보였는데, 얼마 안 가 회전하기 시작하더니 서서히 소용돌이 문양을 만들어 냈다고 한다.

5~6개 정도의 원이 청백색으로 빛났는데, 바깥쪽은 옅은 적자색을 띠었다고 한다. 그렇다면 이것의 정체는 무엇이었을까? 지구를 통과하던 유성일지도 모른다는 말도 있지만 중국의 UFO 전문가들은 다음과 같이 말한다.

"물체의 윗부분에 창문 비슷한 것이 있는 것을 많은 사람들이 목격했다. 또한 빛은 회전할 때마다 밝아졌다 어두워졌다를 반복했다. 이는 UFO의 분출구 방향이 계속 바뀌어서 발생하는 현상이다."

목격자가 굉장히 많았음에도 불구하고 여전히 이 소용돌이의 정체는 오리무중이다.

아오모리 현 상공에 긴 원통 모양의 UFO가 출현!
ANA(전일본공수) 미사와 사건

충격 정도 ★★★☆☆　　[장소] 일본 아오모리 현　[목격년도] 1982년

①982년 10월 28일 오전 8시 40분에 오사카 공항을 이륙한 ANA 771편은 홋카이도의 치토세 공항으로 가던 중이었다. 오전 10시 5분쯤 771편은 아오모리 현 미사와 시 상공을 통과해 시모기타 반도에 도달했다. 그때 기타노 타이지 기장, 야스다카 나오키 부기장, 요시가와 테루히코 항공 기관사, 이 세 사람은

▲(위)UFO를 목격한 기장과 부기장
(아래)목격담을 바탕으로 재현한 일러스트

전방에서 비행기 그림자와 비슷한 것을 보았다. 옅은 갈색의 시가 같은 모양으로 뒷부분이 연무에 휩싸여 있었다.
비행기라고 하기엔 너무 컸고 구름이라고 하기엔 윤곽이 지나치게 선명했다. 하지만 그것의 정체가 무엇이던 간에 이대로 두었다간 이상 접근(airmiss, 항공기가 너무 가까이 접근해 충돌의 위험이 있는 것)의 위험이 컸다. 기장은 삿포로 ATC(항공 관제 센터)에 연락했다. 하지만 ATC는 그곳에 어떤 비행 물체도 없다고 했다. 그들이 본 물체가 관제탑의 레이더에는 잡히지 않았던 것이다. 771편이 고도 9,500m까지 하강하자, 비행 물체는 조종사들의 시야에서 사라졌다.
부조종사는 "비행 물체를 마지막으로 본 것이 전방 상공이었다. 그것은 아마 우리 비행기 바로 밑을 통과했던 것 같다."고 말했다.

전문 관측자들이 본 수수께끼의 비행 물체

카이요우마루의 UFO 조우 사건

충격 정도 ★★★☆☆　　[장소] 북태평양　[목격년도] 1986년

북태평양을 항해하던 농림 수산성 소속의 조사선 카이요우마루의 레이더에 거대한 타원형의 점이 잡혔다. 1986년 12월 21일 오후 3시경이었다.

▲UFO와 만난 카이요우마루

선원이 아무리 확인해 봐도 그 방향에는 아무것도 없었다. 하지만 레이더 영상에는 거대한 UFO가 선회하거나 직각 턴을 하는 등의 수상한 움직임이 포착되었다.

오후 11시 40분, 선원들을 공포에 떨게 한 사건이 발생했다. 레이더에 카이요우마루와 UFO가 겹치기 시작한 것이다. 선원 한 사람이 소리를 질렀다.

"이러다 충돌하겠어!"

그 직후 영상에서 물체가 사라지더니 바람을 가르는 듯한 소리가 들려왔다.

그 순간 UFO는 카이요우마루의 위를 뛰어넘어 선수 앞쪽으로 이동했다. 그리고 눈부신 빛이 작렬하더니 물체는 사라져 버렸다.

카이요우마루는 과학 조사를 하기 위해 파견된 함선이었고, 선원들도 대부분 자연 현상에는 해박했다. 이런 전문가들이 보는 앞에서 미지의 비행 물체가 레이더에 나타났던 셈이다.

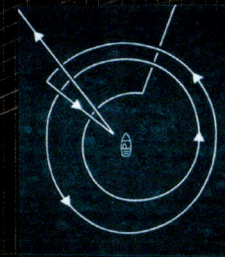
▲카이요우마루의 주위를 비행하던 UFO의 경로

제1장 충격의 UFO 사진과 목격담

거대한 UFO에 추격당했다!
일본 항공 알래스카 사건

충격 정도 ★★★☆☆　　[장소] **일본 상공**　　[목격년도] **1986년**

①986년 11월 17일, 프랑스의 수도 파리에서 도쿄로 향하던 일본 항공 1628 특별 화물편(보잉747 점보기)이 경유지인 미국의 앵커리지 공항(알래스카 주)으로 가던 중이었다.

좌측 전방 3.6~5.4km 지점에 2개의 빛이 나타나더니 거의 같은 속도로 날기 시작했다.

테라우치 기장은 빛이 "아기 곰이 장난을 치는 것처럼 움직이며 약 7분 동안 나란히 날다가, 갑자기 150~300m 전방에서 순간 이동을 했다."고 말했다.

2개의 빛이 모습을 감추자마자 좌측 전방에서 다른 2개의 빛이 나타났다. 새롭게 나타난 푸른빛은 공 모양이었는데, '거대한 우주 모함'으로 보였으며 직경이 약 70m 정도였다고 한다. 하지만 근방을 비행하던 미국 유나이티드 항공기가 스치듯이 지나간 순간, 푸른빛이 사라졌다고 한다. UFO의 존재를 부정하는 학자들은 화성이나 목성을 잘못 본 것이라 주장하지만 진상은 여전히 밝혀지지 않았다.

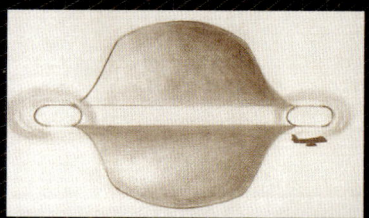

▲목격담을 바탕으로 거대한 발광체를 재현한 일러스트. 우측 아래에 있는 실루엣이 바로 일본 항공의 화물기이다.

▲사건을 설명하는 테라우치 기장

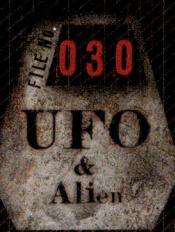

차 안에서 촬영한 의혹의 UFO!
헤플린의 UFO 사진

충격 정도 ★★★★★　[장소] 미국　[목격년도] 1965년

▲ 렉스 헤플린이 차에서 찍은 UFO 사진

미국 캘리포니아 주 오렌지카운티의 교통 조사관 렉스 헤플린은 1965년 8월 3일 오후 12시 37분, 여느 때처럼 고속도로를 순찰하던 중이었다. 산타아나 시 부근을 지날 때 하늘에 뜻밖의 것이 나타났다.

그것은 저공비행을 하던 모자같이 생긴 물체였다. 헤플린은 업무에 사용하던 1회용 카메라를 움켜쥐고 4장의 사진을 찍었다. 헤플린은 사진 속 원반의 아랫부분에서 소용돌이 모양의 광선이 발사되더니 갑자기 하늘 높이 솟구쳐 사라졌다고 했다. 하지만 이 사진은 공개된 당시부터 진위 여부가 논쟁거리가 되었다. 문제가 된 것은 사진을 차에서 찍었다는 데 있었다. UFO가 하늘을 날던 중이었다면 왜 모습을 정확히 확인하기 위해 차에서 내리지 않았는가 하는 점이다. 컴퓨터 분석에서는 원반의 윤곽선을 강조하면 물체에 매달린 와이어 같은 것이 보였다고 한다. 분석이 맞는다면 이 사진은 조작된 것이다.

FILE NO 031
UFO & Alien

밤하늘에 거대한 UFO가 출현했다!
피닉스 라이트

충격 정도 ★★★★★ ｜ [장소] 미국 ｜ [목격년도] 1997년

미국 남동부 애리조나 주, 피닉스 동쪽에 있는 산의 상공에 1997년 3월 13일 오후 7시 30분경, 일렬로 나란히 하늘을 수놓은 빛의 무리가 나타났다. 처음에는 6개만 확인할 수 있었는데 어느새 9개로 늘어났다. 누군가는 이들 빛무리가 V자 대형을 그리며 남동쪽으로 이동했다고 한다. 오후 10시에는 피닉스 남부를 흐르는 힐러 강 상공에 나타나, 수천 명의 주민이 이를 목격했다. 목격 정보를 종합하니 더욱 놀라운 사실을 알게 되었다. 이 빛무리의 길이가 무려 1.6km나 되었던 것이다. 더욱이 목격자 중 한 사람의 증언에 따르면 그 빛들은 검은색 내지는 회색의 거대한 V자형 선체 밑에 달린 라이트였다고 한다. 만약 이 말이 사실이라면 모선이 굉장히 거대한 UFO였다는 뜻이다.

1997년에 목격된 라이트와의 연관성은 불분명하지만, 10년 후인 2007년 2월 6일에도 피닉스에 원반 모양으로 줄지어 늘어선 발광체가 밤하늘에 나타났다.

▲2005년에 나타난 피닉스 라이트

▲2007년 2월 6일에 나타난 피닉스 라이트

이날 시민들의 제보를 받았던 TV 방송국이 헬리콥터를 파견하여 그 모습을 라이브로 생중계했지만 정체는 여전히 알지 못했다.
이 피닉스 라이트의 정체에 대해 미국 공군은 "1997년과 2007년에 목격된 빛은 비행 훈련에 수반된 조명탄이었다."고 발표했다. 하지만 공군의 발표를 믿는 사람은 적다. 피닉스의 기괴한 빛은 조명탄보다 오랜 시간 안정적으로 빛났기 때문이다.
무엇보다 밤하늘을 소리도 없이 이동하던 물체를 본 수천 명의 목격자가 있다. 미국 공군은 도대체 무슨 이유로 UFO의 존재를 숨기려는 것일까?

피닉스의 기괴한 빛
▲1997년에 애리조나 주 피닉스에 나타난 발광체. 빛들을 연결하면 거대한 원반형 UFO로도 보이지만 정확한 모습은 밤에 촬영한 탓에 알 수가 없다.

외계인의 비밀 기지였을까?
화산을 향해 날아가던 UFO

충격 정도 ★★★☆☆   [장소] 멕시코   [목격년도] 2000년

화산재를 내뿜는 화산을 향해 빛을 내는 거대한 물체가 급선회하고 있다! 이 놀라운 사진은 2000년 12월 19일, 멕시코 남부, 포포카테페틀 산에서 분화 감시용 웹 카메라로 촬영한

▲ 화산재가 피어오르는 화산을 향해 날아가는 미지의 발광체

것이다. 비행하면서 각도를 튼 것으로 보아 운석은 아니다. 또한 촬영 시간대의 비행 기록을 조사한 결과, 항공기나 헬리콥터 등도 아니었다.

포포카테페틀 산은 표고 5,452m나 되는, 멕시코 원주민의 전설에 등장하는 신성한 산이다. 그 때문인지 옛날에도 UFO가 몇 번이나 목격됐었다. 과거 이 일대에서 번영했던 마야·아즈텍 문명은 외계인이 세운 것일지도 모른다는 소리까지 있다.

또한 산속 깊은 곳에 UFO 비밀 기지가 있는 게 아니냐는 추측까지 나오는데, 이러한 추측을 하는 이들은 빈번해지는 UFO의 출현이 이와 관계가 있다고 믿는다.

FILE No. 033

기묘한 기호는 외계인의 메시지였을까?

두바이의 UFO

| 충격 정도 ★★★★★ | [장소] 두바이 | [목격년도] 2004년 |

중동 두바이에 사는 무함마드 아와마가 2004년 1월 11일 오후 9시 40분경 밝은 불빛을 반짝이며 날아가는 수수께끼의 비행 물체를 자택 발코니에서 목격하고 촬영에 성공했다. UFO는

▲2004년 1월 11일 두바이 뒤라 라가에 나타난 미지의 비행 물체

원반 모양으로 측면에는 라이트 비슷한 것들이 빛을 발하고 있었다. 훗날 이 사건을 알게 된 지역 신문 '칼리지'가 UFO와 관련된 제보를 요청하자 새로운 소식이 들어왔다.

1월 13일 오후 10시 45분경, UFO가 쇼핑몰인 알 글레어 시티 상공에 나타난 것이다. 게다가 그 직후 더욱 이상한 일이 발생했다. 쇼핑몰 경비실에 있는 컴퓨터 화면에 지금까지 본 적이 없는 기호가 나타났다. 이것은 외계인이 인류에게 보내는 메시지였을까? 이 사건 이후로 두바이에서는 자주 UFO가 출몰하고 있다.

▲경비실 컴퓨터 화면에 나타난 수수께끼의 기호

제1장 충격의 UFO 사진과 목격담

수백 개의 소형 비행 물체가 하늘에 떠 있었다!
멕시코의 공 모양 UFO들

충격 정도 ★★★★☆   [장소] 멕시코   [목격년도] 2004년

멕시코 과달라하라에서는 2004년 6월 10일 오후 12시 30분경, 수백 개의 공 모양 UFO가 하늘에 나타났다. 그 장면을 비디오로 촬영하는 데 성공한 주민 미구엘 아길라는 이 미확인 비행 물체 외에도 UFO 무리를 조종하는 것처럼 보이던 거대한 원반형 물체도 있었다고 증언했다.

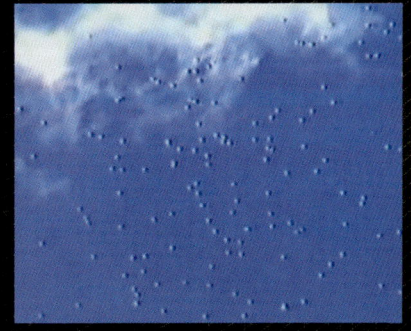

공 모양의 UFO 무리
▲미구엘 아길라가 촬영한 UFO 무리. 천천히 움직이고 있다.

그날 이 장면을 촬영한 미구엘 도밍게스의 영상에도 반짝거리는 물체가 이동하는 모습이 그대로 찍혀 있었다.

UFO를 목격한 사람들의 증언이 일치하기에 영상이 조작된 것이 아니라, 실제로 미지의 비행 물체가 상공에 나타난 것만은 분명해 보인다. 거대한 원반 모양의 우주선이 모선이고, 작은 UFO들은 정찰기였는지도 모른다.

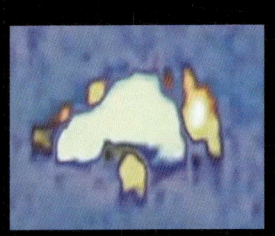

▲영상에 찍힌 소형 UFO를 확대한 것

영상에 찍힌 물체를 확대하면 빛을 반사하는 것처럼 보이던 금속질의 물체가 공 모양이 아니라 원반 모양으로 보이기도 한다. 이 영상을 본 과달라하라 천문·기상학 연구소의 과학자는 "저것은 기구 같은 것이 아니라, 미지의 비행 물체가 분명하다."고 말했다.

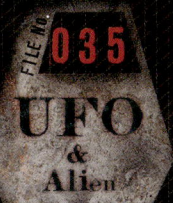

러시아의 피라미드 모양 UFO

충격 정도 ★★★☆☆☆　　[장소] 러시아 등　[목격년도] 2009년

러시아의 수도, 모스크바에 위치한 크렘린 궁전 상공에 2009년 12월 9일 늦은 밤, 피라미드와 비슷하게 생긴 삼각뿔 모양의 검게 빛나는 UFO가 나타났다. 며칠 뒤, 똑같은 장소에 다시 한 번 나타난 UFO는 TV 방송에서 공개되기도

피라미드 모양의 UFO
▲모스크바 상공에 나타난 미확인 비행 물체

했다. 이듬해 2월 28일 오전 8시 40분이 막 지났을 무렵에는 중국, 산시 성 시안 시 상공에 크고 작은 2개의 피라미드 모양의 UFO가 출현했다.

이번에는 작은 UFO가 큰 UFO의 주위를 선회하는 장면을 비디오로 촬영했다. 3월 17일에도 상하이에서 1개의 피라미드 모양의 UFO가 목격되었다. 그 후 세계 각지에서 피라미드 모양의 UFO를 발견했다는 사람들이 연달아 나타났다. 미국, 영국, 콜롬비아, 스페인……. 또한 거슬러 올라가면 1968년에 라트비아에서 촬영했다는 영상도 있다. 피라미드 모양의 UFO를 찍은 영상들의 상태가 그다지 선명하진 않지만, 영상에 찍힌 내용을 보면 갑자기 나타난 UFO가 하늘에 떠 있다가 '눈으로는 볼 수 없는 공간=이공간'으로 빨려 들어가듯이 사라졌다는 점만큼은 모두 똑같았다. 이것은 다른 차원의 세계에서 날아온 새로운 UFO였을까?

제2차 세계 대전 때 파일럿들이 목격했다!
유령 전투기 푸 파이터

| 충격 정도 ★★★★★ | [장소] 세계 각지 [목격년도] 1944년 |

제2차 세계 대전 말기, 미국과 독일의 조종사들에 의한 기묘한 보고가 잇달았다. 전투 중 직경 약 1m쯤 되는 붉은색, 노란색, 흰색 등으로 빛나는 '불타는 둥근 물체'를 봤다는 내용이었다.

'불타는 둥근 물체'는 여러 개였는데, 전투기 주위에서 급하강과 급상승을 반복하다가 갑작스럽게 접근하는 등의 공격하는 것이 아닌 마치 관찰하려는 듯한 수상한 행동을 보였다고 했다.

기록에 남아 있는 최초의 사건은 1944년, 독일 라인 강 상공에서 발생했다.

11월 6일 오후 5시경이었다. 미국 육군 항공대 소속 에드워드 슐터 대위가 조종하던 전투기는 프랑스 공군 기지에서 출발하여 독일 영내의 마인하임 상공 약 600m 지점을 순항하고 있었다. 그때 대위는 기체에 접근하는 붉은빛을 보았다.

대위는 당시의 일을 이렇게 말했다.

"붉은빛이 가까이 다가오는가 싶더니 거리 600m 지점에서 플래시를 터뜨리고는 사라져 버렸어요."

그 후, 이 미지의 불타는 둥근 물체는 유럽뿐만 아니라 전 세계 곳곳에서 발견되기 시작했다. 유럽 전선이 어느 정도 소강상태에 접어들자 이번에는 태평양 전선에서 모습을 드러냈다.

처음에는 이 기괴한 불타는 둥근 물체를 미국과 영국 등의 연합군도, 독일과 일본 등의 추축군도 서로 상대의 비밀 병기라고 생각했다.

미국 공군은 이 물체를 '푸 파이터(불덩이 전투기)'라 명명했는데, 일본군의 비밀 병기라고 철석같이 믿었다고 한다. 그러나 푸 파이터는 미국군뿐만 아니라 일본군 전투기 앞에서도 모습을 드러냈다! 종전 후 푸 파이터와 관련된 기록들을 확인한 결과, 푸 파이터와 같은 형태의 전투기는 그 어디에도 존재하지 않았음을 알았다. '유령 전투기'라고 할 수밖에 없는 미확인 비행 물체였던 셈이다. 전쟁이 끝난 뒤에 푸 파이터를 봤다는 이들이 단 한 명도 나오지 않자, 포화를 착각했거나 전투기의 날개가 만든 방전 현상의 하나라는 추측도 나왔지만 여전히 의문은 풀리지 않았다. 세계적으로 UFO가 알려지기 시작한 것이 1947년부터이니, 푸 파이터는 그 전에 UFO가 지구에 모습을 드러낸 증거 중 하나라고 생각하는 사람도 있다.

▲◀전투 중, 전투기에서 촬영한 미지의 비행 물체 '푸 파이터'

켁스버그에 추락한 UFO

정체불명의 군인들이 추락물을 회수했다!

FILE No. 037 UFO & Alien

충격 정도 ★★★★☆ | [장소] 미국 [목격년도] 1965년

미국 미시건 주를 북쪽에서 남쪽 방향으로 비행하던 수수께끼의 '불타는 공'이 출현한 건 1965년 12월 9일이었다. 오후 5시경에는 이것이 남쪽에서 동쪽으로 방향을 바꾸더니 미국 북동부에 위치한 펜실베이니아 주에 추락했다.

펜실베이니아 켁스버그에 살던 주민 몇 사람이 숲에 떨어진 이것을 목격했다. 그때는 이미 경찰과 방송국에도 목격담이 보고된 터라 현장에는 경찰도 와 있었다. 하지만 이들보다 먼저 현장에 도착한 이들은 다름 아닌 공군이었다. 공군은 경찰에게 본 것에 대해 함구령을 내린 뒤, 불타는 공이 추락한 지점과 연결된 도로도 전부 봉쇄했다.

또한 부대를 파견하여 추락한 물체를 회수한 뒤 오하이오 주에 있는 공군 기지로 전부 가져갔다. 켁스버그에 추락했던 물체는 도대체 무엇이었을까? 사실 그 정체를 아는 인물이 있다. 당시 가장 먼저 현장에 도착했던 그 지역의 소방대원들이었다.

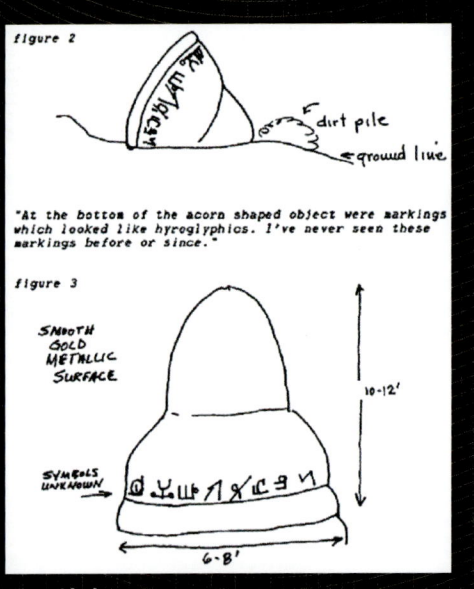

종 모양의 UFO
▲목격담을 바탕으로 재현한 스케치.
UFO의 외부에 기호가 적혀 있었다.

그들 중 한 명이었던 짐 로만스키는 자신이 본 것을 말했다.
"땅에 반쯤 처박혀 있었는데, 종과 비슷한 모양이었어요. 크기는 직경 3~4m 정도 되어 보였죠."

▲소방대원의 증언을 바탕으로 추락물을 재현한 일러스트

하지만 공군은 이 모든 진실을 감춘 채 "그곳에는 아무것도 없었다."며 신속히 성명을 발표했다. 더욱이 펜타곤(미국 국방부)도 "그 물체는 운석이었다."며 그 이상의 정보는 내놓지 않았다.

2003년 미국의 저널리스트 레슬리 킨은 그때의 사건을 기록한 문서가 NASA(미국 항공 우주국)에 있는지에 대한 조사를 요청하는 소송을 제기했다. 운석이었다면 NASA에 관련 자료가 있어야 하기 때문이다. NASA는 2005년에 "불타는 공의 정체는 인공위성이었다."는 성명을 발표했고, 2007년 10월까지 재조사를 하겠다고 약속했으나 그 결과에 대해서는 아직 보고된 바가 없다.

◀켁스버그 추락 현장과 가까운 곳에 설치된 UFO의 재현 모형

외계인의 시체를 발견했다!

스베르들로프스에서 추락한 UFO

충격 정도 ★★★☆☆ [장소] 러시아 [목격년도] 1969년

구소련 스베르들로프스(현재 러시아 예카테린부르크) 근교의 삼림 지대에서 1968년 11월, 원반형 UFO가 추락했다고 한다.
사진을 보면, 군인들이 땅에 처박힌 기체의 주위를 둘러싼 채 현장 검증을 하고 있다. UFO는 크게 파손된 곳도 없고 폭발을 일으킨 흔적도 없다. 크기는 직경 5m 정도. 기체 주위의 나무들도 쓰러져 있고 금속제로 보이는 부품도 조각조각 흩어져 있다.
이 사진은 1969년 3월 5일, 구소련과 KGB(국가 안전 위원회)가 추락한 UFO를 회수하는 일련의 과정이 기록된 영상 필름의 일부이다. 영상이 공개된 건 소련이 해체된 1998년이었다. 미국의 텔레비전 방송국이 9월 13일 'KGB의 극비 UFO 필름'이라는 특별 방송을 통해 내보냈다.
문제는 이것이 진짜인지 아닌지 하는 것. 실제로도 이것의 진위 여부에 대한 의견이 분분했다. 미국의 UFO 연구가인 알렉스 허프만은 군인들이 입은 제복이 당시에 입던 것과 일치한다는 점을 근거로 자료가 진짜임을 주장했다.
한편 조작된 자료라는 사람들은 당시 UFO 추락 사건을 보도한 지역 매스컴을 확인할 수 없다는 점과 영상 속에 등장하는 지프가 미국산처럼 보인다는 것을 지적하면서 미국의 텔레비전 방송국이 날조한 것이 아닌가 의심했다. 또한 방송에서는 당시 UFO에서 발견된 소형 외계인의 시체를 해부하는 장면도 내보냈다.

그러나 방송국이 알아본 바로는 당시 외계인 해부에 참가했던 세 명의 의사가 1969년 3월 24일에 모두 사망했다고 한다. 의사들은 결코 알아서는 안 될 비밀을 알아 버린 탓에 살해당한 것일까? 아쉽게도 당시의 증인이 있는 것도 아닌 터라, 더 이상 검증하는 것은 불가능하다.

▲추락한 UFO에 탑승한 것으로 추측되는 외계인 사체 해부 장면

러시아에 추락한 UFO
▲러시아 예카테린부르크에 추락한 UFO. 진위를 밝히지 못한 영상이다.

UFO 사고의 증거와 증인이 사라져 버렸다!

모리 섬 사건

충격 정도 ★★★☆☆　　[장소] 미국　[목격년도] 1947년

미국 워싱턴 주 모리 섬 인근의 해상에서 1947년 6월 21일, 기괴한 UFO 사건이 발생했다.

그날 항만을 순찰 중이던 해럴드 달은 순시선을 타고 주위를 둘러보던 중이었다. 선원 2명과 그의 아들인 찰스, 그리고 반려견이 동승했다. 갑자기 구름 사이에서 6개의 도넛 모양의 UFO가 내려오기 시작했다. 물체의 직경은 대체적으로 약 30m 정도. 중앙에 약 7m 정도 되는 구멍이 뚫려 있었다. 표면은 은색으로 빛나는 금속으로 뒤덮였고 창이 나 있었다. 프로펠러도 제트 엔진도 없었으며 소리 또한 나지 않았다. 1대의 UFO를 중심으로 5대의 UFO가 주위를 에워싼 채 선회했다. 중앙에 있던 UFO가 고장 난 것처럼 보였다.

직후 하늘에서 둔탁한 충격음이 들리더니, 고장 난 것처럼 보이는 UFO에서 새하얀 금속 파편이 후드득 떨어졌다. 금속 파편은 순시선을 타고 있던 일행에게도 큰 타격을 주었다. 순시선 이곳저곳이 파손되었고 찰스는 부상을 입었다. 더욱이 반려견은 알루미늄과 비슷한 금속 파편을 맞고 그만 목숨을 잃고 말았다. 금속 파편 외에도 용암과 비슷한 검은 물질이 바다 위로 떨어져 수증기가 피어올랐다.

일행은 당황한 나머지 모리 섬 연안으로 피항했다. 그때 6대의 UFO는 구름 저편으로 날아가 버렸다…….

이 사건을 접한 SF 잡지《어메이징 스토리》의 편집장 레이먼드 파머는 '하늘을 나는 원반'에 해박했던 케네스 아놀드에게 사건의 취재를

의뢰했다. 현지로 간 케네스는 모리 섬 연안에서 해럴드가 탄 배를 파손시킨 것과 같은 금속 파편을 주웠다. 아놀드는 취재를 위해 공군의 협조를 부탁한 차였다.

그러나 그 뒤, 회수한 UFO의 잔해를 실은 공군 B-25 폭격기가 수수께끼의 추락 사고를 당했고, 케네스가 탔던 비행기도 엔진 고장을 일으키는 등 이상한 사건이 속출했다.

▲모리 섬 근처 해상에 출현한 6대의 도넛 형태의 UFO를 그린 재현 일러스트

사건과 관련 있던 사람들도 미스터리한 죽음을 맞이했는데, 결국 해럴드 달마저 행방불명되고 말았다.

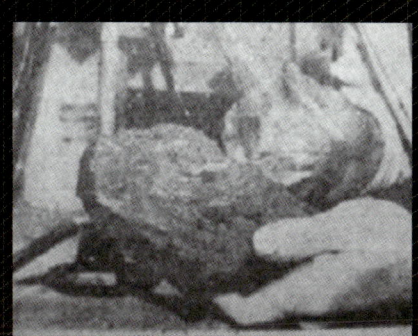

▲추락한 UFO의 파편. 사건이 있은 후, 정부가 회수해 갔다고 한다.

이 사건에 대해 공군은 사실 해럴드가 날조한 것이라는 정식 견해를 내놓았다.
하지만 당시에는 UFO가 세계적으로 인정받기 시작했던 시기여서 정부가 사건을 은폐하고 정보를 독점했다고 생각하는 사람들도 있다.

촬영 시간 논쟁을 불러일으킨 사진
맥민빌의 UFO

| 충격 정도 ★★☆☆☆ | [장소] 미국 [목격년도] 1950년 |

▲ 폴 트렌트가 촬영한 UFO 사진. 어둡게 찍혔다.

미국 오리건 주 맥민빌 근처에 살던 농장주 폴 트렌트가 UFO 사진을 촬영했다. 1950년 5월 11일 오후 7시 45분경, 상공에서 은색의 물체가 가까이 접근하는 것을 보고 카메라를 가져와 촬영했다고 한다. 역광 때문에 UFO는 윤곽밖에는 알 수 없었다. 사진이 지역 신문지에 게재되자마자 여기저기서 논쟁을 불러일으켰다.

콜로라도 대학의 UFO 조사 프로젝트 팀에서는 UFO가 1.3km 떨어진 지점에서 찍힌 진짜라고 인정했다. 한편 사진 분석 전문가는 사진을 촬영한 건 아침이며, "UFO에서 송전선에서 늘어진 실 같은 게 보인다."고 주장했다.

1970년 실시된 재분석에서 UFO와의 거리는 1km 이상 되며, UFO의 직경도 30m 이상으로 민간 UFO 조사 기관에 의한 컴퓨터 분석에서는 '실' 같은 건 보이지 않았지만, 촬영 시간이 아침인 것은 사실이라고 했다. 그러나 촬영 시간이 그들의 설명과 달랐다는 것 외에 UFO가 진짜인지 아닌지를 구분할 결정적인 증거는 발견하지 못했다.

카메라맨이 UFO로 끌려 들어갔다!
카를로스 디아즈 사진

충격 정도 ★★★☆☆   [장소] 멕시코   [목격년도] 1981년

▲ 카를로스 디아즈가 촬영한 오렌지 빛의 UFO. 아래는 확대한 사진이다.

① 1981년 1월의 어느 날 이른 아침, 멕시코의 프로 카메라맨이었던 카를로스 디아즈는 떼뽀스뜰란에 있는 아후스코 국립 공원으로 차를 몰고 가는 중이었다. 일출을 찍기에 좋은 장소를 발견하자, 그는 차를 세우고 준비를 했다. 그런데 전방에 있는 언덕의 경사면에서 갑자기 오렌지 빛으로 빛나는 물체가 떠올랐다. "UFO다!" 카를로스는 바로 사진을 촬영했다. 카를로스는 그 뒤로 몇 번이나 그 장소를 다시 찾았고 2개월 뒤 비가 내리는 3월 23일, 다시 한 번 오렌지색의 물체와 만났다. 더욱이 이번에는 물체가 그에게 가까이 다가왔다. 놀란 나머지 얼어붙은 것처럼 서 있던 그는 누군가 어깨를 두드리는 듯한 느낌을 받자마자 정신을 잃고 말았다. 눈을 뜬 카를로스는 깜짝 놀랐다. 이상한 물체는 사라졌고 분명 비가 내리고 있었는데도 그의 옷은 전혀 젖어 있지 않았다. 그 뒤 카를로스는 기억을 떠올렸는데, 당시 물체에 손을 대자마자 동화된 것처럼 우주선 내로 끌려 들어갔다고 한다. 카를로스는 그 후로도 우호적이었던 외계인과 자주 접촉을 했다고 전한다.

FILE No. 042 UFO & Alien

접촉자가 촬영한 의혹의 UFO 사진
폴 빌라 사진

| 충격 정도 ★★★★★ | [장소] 미국 [목격년도] 1963년~ |

미국 뉴멕시코의 앨버커키 근교에서 1963년 6월 16일 폴 빌라는 '어떤 약속'을 지키기 위해 카메라를 들고 '그것'이 오기만을 기다렸다. 폴 빌라는 다섯 살 때부터 텔레파시로 외계인의 존재를 알았다던 인물이다. 1953년에는 캘리포니아 주 로스엔젤레스에 위치한 롱비치에서 마침내 외계인을 만났다고 했다. 무려 2m가 넘는 신장의 외계인을 본 그는 두려운 나머지 도망치고 말았다.
그러자 외계인은 그의 이름을 부르며, 폴 빌라만이 알고 있는 개인사에 대해 말하기 시작했다. 그리고 바다를 보라는 외계인의 말에 그의 손가락이 가리킨 곳으로 시선을 던지니 바다 위에 금속으로 만들어진 우주선이 떠 있었다.

▲1963년 6월 16일, 폴 빌라가 앨버커키 근교에서 촬영한 UFO 사진

외계인을 처음 봤을 때는 그저 무섭기만 했는데, 자세히 들여다보니 지구인과 굉장히 닮은 생김새에 잘생기기까지 했다. 결국 폴은 외계인에 이끌려 우주선 안으로 들어갔는데, 그곳에서 외계인은 우주에 있는 무수히 많은 별들 중엔 생명체가 살고 있는 곳이 있으며 뛰어난 과학 기술을 바탕으로 지구까지 날아올 수 있었다고 말했다.
10년이 지난 어느 날 폴 빌라는 다시 한

번 텔레파시로 외계인의 목소리를 들었다. 목소리를 듣자마자 10년 전에 만났던 우호적이었던 그 외계인임을 알았다. 외계인은 폴에게만 자신들의 우주선을 찍을 수 있도록 허락했다.

그리고 1963년 6월 16일, 폴 빌라는 약속대로 우주선을 촬영하는 데 성공했다. 그의 말에 따르면 촬영한 UFO는 직경 20m 정도로, 안에는 9명의 외계인이 타고 있었으며 텔레파시로 그들과 대화했다고 한다. 외계인은 몇 만 광년이나 떨어진 머리털자리 은하에서 왔다고 했다. 마치 자신들이 지닌 고도의 과학 기술을 자랑하려는 듯이 그들이 탄 원반 모양의 우주선은 중력을 거스른 채 하늘에 떠 있었다. 그 후로도 폴은 종종 그 외계인과 접촉을 했고, 증거로 사진을 찍었다. 그러나 사진이 너무나 선명해서 미니 모형을 이용한 거짓 사진이 아니냐고 의심한 UFO 연구가들도 상당수 있다. 하지만 사진의 진위를 밝히기도 전에, 폴 빌라는 1981년에 사망하고 말았다.

▲ 1966년 6월 19일 머리털자리 은하에서 왔다던 외계인의 무인 정찰정. 착륙하기 위해 발을 내린 직경 1m의 작은 원반형 물체로 그 주위에 작은 금속 공들이 떠 있다.

FILE NO. 043 UFO & Alien

하늘을 날던 거대한 원반을 우연히 촬영하다!
밴쿠버 섬의 UFO

충격 정도 ★★☆☆☆ [장소] 캐나다 [목격년도] 1981년

가족 여행 차 캐나다의 밴쿠버 섬을 여행하던 한나 맥로버츠는 움직이던 차창 너머로 UFO 사진을 촬영했다. 그녀가 자신이 UFO를 촬영했다는 것을 안 건 사진 현상을 한 뒤였다. 가족들조차 당시 하늘에 이상한 것이 있다는 사실을 눈치 채지 못했다. 지인을 통해 사진을 세상에 공개하자, UFO 연구가들 사이에서 일대 논쟁이 일었다.

미국 캘리포니아 대학의 제임스 해더 박사가 이 사진을 분석했지만 의심할 만한 요소는 발견하지 못했다. 예를 들어 태양의 위치와 원반의 그림자가 드리워진 부분이나 주위와 비교했을 때의 구도도 정확한 조건을 갖추고 있었다. 단, 이 사진의 가장 큰 문제는 이 원반이 일반적인 UFO와 다르다는 데 있었다. 아무리 봐도 사진 속 물체의 직경은 300m나 됐기 때문이다.

NASA의 과학자이자 UFO 연구가이기도 한 리처드 헤인즈 박사는 오리지널 네가 필름(사진기에 사용하는 투명한 필름)을 컴퓨터로 분석한 결과, 이중노출과 프리스비(frisbee, 플라스틱으로 만든 원반) 등을 이용한 속임수일 것이라 결론 내렸다.

▲▶ 한나 맥로버츠가 촬영한 UFO 사진

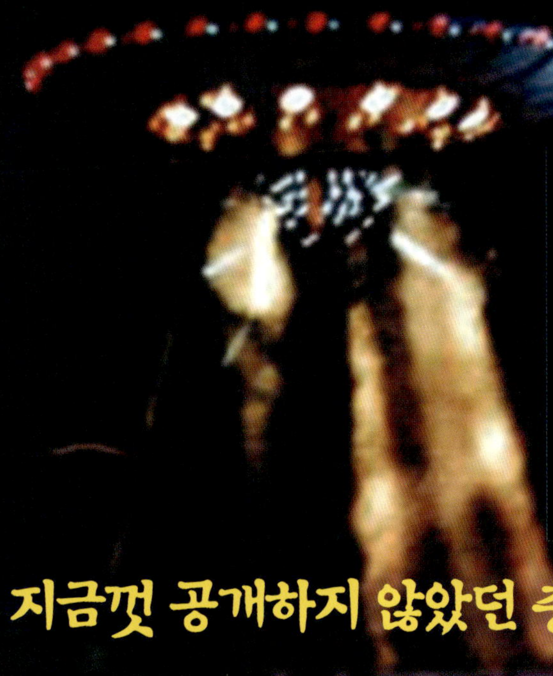

불꽃을 내뿜는 UFO

← 1989년 9월 27일, 미국 테네시 주 내슈빌에 사는 퇴역 해군 사령관이 입수한 연속 사진. 원반의 밑바닥에서 불꽃이 나오는 것 같지만, 목격 당시의 상황이나 상세한 촬영 데이터가 확실치 않아 장담할 수는 없다.

지금껏 공개하지 않았던 충격의 순간!

수수께끼로 가득한, 괴상하고 기이한 UFO와 외계인

하늘을 나는 원반만 UFO인 건 아니다. 지금까지 각양각색의 UFO와 외계인이 사진이나 영상으로 찍혔다. 이곳에서 UFO 현상의 증거 사진을 공개하겠다!

UFO·외계인 특별 갤러리 ①

광둥성의 거대한 UFO

←2011년 8월 30일, 중국 광둥성에 있는 연못 상공에 출현한 UFO. 굉장히 거대하면서도 복잡한 모양을 한 이 UFO는 나타난 지 20초 만에 사라져 버렸다.

UFO는 인류를 감시하기 위해 온 외계인의 정찰기일까?

자주 출몰하는 무인 정찰기

↑→2007년 이후 미국을 중심으로 연속해서 나타났으며, 그때마다 모양이 진화했다는 UFO다. 사람이 타고 있지 않아 '드론(Drone, 무인 정찰기)'으로도 불린다. 이것은 외계인이 보낸 정찰기일지도 모른다!

플라즈마를 방출하는 UFO

1974년 3월 23일, 프랑스 남부 지역에 살던 의사가 촬영한 사진이다. 아랫부분에 튀어나온 4개의 발이 빛나는 이유는 UFO의 비행 원동력인 플라즈마 때문으로 보인다.

라트비아의 피라미드 모양 UFO

2009년 12월 24일, 유럽 북동부에 위치한 라트비아에서 발견된 피라미드 모양 UFO. 피라미드 모양을 한 크고 작은 2대의 물체가 하늘에 떠 있다.

그물자리에서 온 UFO?

↓1980년에 미국 사우스캐롤라이나 주 찰스턴에서 윌리엄 허먼이 촬영한 UFO다. 윌리엄은 37만 광년 떨어진 그물자리에서 온 외계인에게 납치된 적이 있다고 한다.

화성에 추락한 UFO

2000년에 화성에서 촬영한 영상에는 흙에 파묻힌 UFO 비슷한 물체가 찍혀 있다! 길이는 약 100m 정도다. 정말로 외계인이 탄 우주선이 추락했을까?

하늘을 나는 지팡이?

캐나다 온타리오 주에서 2003년 7월에 지팡이와 비슷하게 생긴 UFO가 찍혔다. 사진 속 인물의 뒤쪽에 미스터리 서클이 있지만, UFO와의 관계는 아직 확실하지 않다.

괴상한 빛의 소용돌이

2009년 12월 9일, 노르웨이 북부 하늘에 나타난 하얗게 빛나던 빛의 소용돌이. 회전하면서 소용돌이 문양을 만들어 내던 이 해괴한 빛은 중심에서 푸른 광선을 발사하더니 십여 분 뒤에 연기처럼 사라졌다.

거대한 UFO

1970년대부터 플레이아데스 별에 사는 외계인과 접촉을 해 왔다던 스위스 출신의 에드와르트 마이어가 촬영한 사진. 외계인에게 사진을 가까이서 찍어도 좋다는 허락을 받았다고 한다.

사각형의 UFO

1989년 8월에 미국 콜로라도 주 필라델하이츠에서 촬영한 사진이다. 4개의 꼭짓점 부분으로 오렌지색의 불꽃을 내뿜으며 날고 있다.

스코틀랜드에 나타난 UFO

1991년 11월 12일, 영국 스코틀랜드에서 말콤 로빈슨이 촬영한 사진. 강한 빛과 함께 나타나 600m 정도 높이에서 고막을 찢을 듯한 '부웅~' 하는 소리를 냈다고 한다.

지구에서 종종 목격되는 다양한 UFO 현상!

돔에 설치된 창문에서 빛이 나던 UFO

1993년 4월 24일, 멕시코 할리스코에 나타난 UFO. 사진은 지역 주민인 라울 도밍게즈가 촬영한 것이다. 돔에는 눈부시게 빛나는 창문이 여러 개 붙어 있는데, 아담스키형 UFO와 비슷한 형태다.

외계인의 사체?

1996년 10월, 미국 워싱턴 주에 사는 조나단 리드는 외계인의 사체를 발견했다. 사체를 집으로 가지고 와 촬영은 했으나, 검은 옷을 입은 정체불명의 남자들에게 사체를 빼앗겼다고 한다.

외계인은 바로 당신 옆에 있다!

초소형 외계인

2002년 10월 1일, 칠레의 삼림 지대에서 발견된 괴생물체. 발견했을 때는 살아 있었으나 얼마 안 가 숨이 멎었다고 한다. 몸길이가 약 7cm 정도인 초소형이지만, 하반신의 일부가 없어 이보다는 더 클 것으로 추측하고 있다.

외계인의 데스마스크

1967년 캐나다 몬트리올에서 공개한 외계인의 모형. 미국 공군 기지 내 비밀 시설에 보관되어 있던 진짜 외계인의 사체를 모델로 했다고 한다. 그러나 진실은 밝혀지지 않았다.

왜 하늘을 나는 원반이 UFO가 됐을까?

UFO를 처음 목격한 것은 1947년 6월 24일이었다. 그러나 당시에는 미지의 비행 물체를 '하늘을 나는 원반'이라고 불렀을 때다. '하늘을 나는 원반'은 영어명인 'Flying saucer(하늘을 나는 접시)'를 그대로 옮긴 문구다. 그럼 언제부터 UFO라는 단어를 사용했을까?

1947년부터 미국 공군은 하늘을 나는 원반을 연구하기 위한 조직을 발족시켜 조사 활동을 벌이고 있었다. 1951년 10월 27일, 조직을 개편하여 '그루지 계획(Project Grudge)'을 실시했으며, 이듬해에는 명칭을 '블루 북 계획(Project Blue Book)'으로 변경하고 공군 소속의 에드워드 루펠트 대위에게 지휘를 맡겼다. 1950년대에도 '하늘을 나는 원반'을 목격했다는 증언이 줄지어 날아들었지만, 봤다는 것이 모두 원반 모양은 아니었다. 이에 에드워드 루펠트 대위는 정체불명의 비행 물체를 'UFO(Unidentified Flying Object)=미확인 비행 물체'로 부를 것을 제안했다. 훗날 UFO는 정식 공군 용어로 인정받았다. 'UFO'라는 단어가 탄생한 1952년은 UFO 목격담이 쉴 새 없이 밀려들던 때였다. 1년 동안 무려 1,501건의 목격담이 쇄도했다.

한편 일본에서는 1955년에 '하늘을 나는 원반 연구회'와 '근대 우주여행 협회' 등의 민간 UFO 연구 단체들이 설립되었다. 1950년대는 UFO를 연구하는 데 중요한 시대였던 셈이다.

미국 공군 내에 설립된 UFO 연구 조직 '프로젝트 블루 북'의 멤버들. 이 연구 조직은 1969년까지 활동을 이어 갔다.

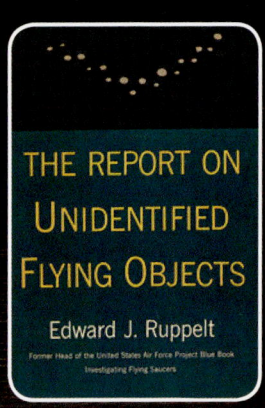

에드워드 루펠트 대위가 1956년에 집필한 『미확인 비행 물체에 관한 보고』의 표지

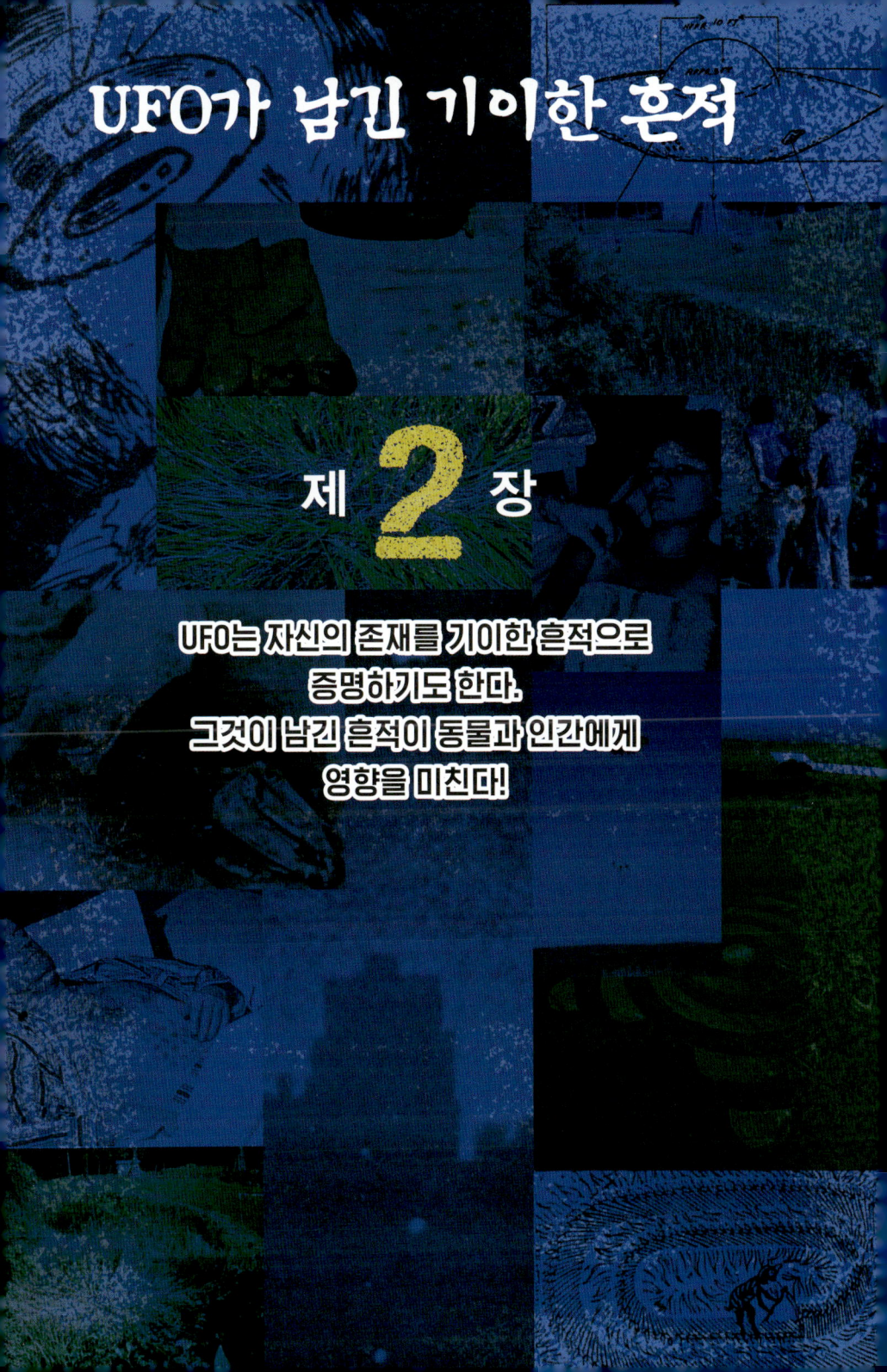

무시무시한 광선이 주민을 공격했다!
아마존에 나타난 흡혈 UFO

충격 정도 ★★★★★ [장소] 브라질 [목격년도] 1981년

브라질 마라냥 주 아마존 강 하구 주변 지역에서 이상한 사건이 발생한 건 1981년이었다. UFO가 주민을 공격한 뒤 혈액을 빨아들인 전대미문의 사건이었다.

일련의 사건은 벨렘이라는 마을에 사는 한 소녀로부터 시작했다. 5월의 어느 날, 오로라 페르난데스는 자신의 집 마당에서 빨래를 걷는 중이었다. 그때 정원 끝에서 UFO가 갑자기 나타나 소녀에게 광선을 쏘았다. 소녀는 충격과 공포로 그 자리에서 정신을 잃었고, 다시 눈을 떴을 땐 오른쪽 가슴에 피가 빨린 것 같은 이상한 상처가 남아 있었다.

그 뒤로도 벨렘에서는 비슷한 사건이 발생했고, 피해는 사람뿐만 아니라 말들도 입었다. 11월에는 벨렘에서 30km 떨어진 산루이스의 마란하오 지역에서도 같은 사건이 발생했다.

산루이스에서 약 530km 떨어진 마을에서 발생한 사건은 이 일련의 사건 중에서도 최악이었다. 사슴을 사냥하러 나갔던 4명의 사냥꾼이 UFO에게 공격을 당했는데, 그들 중 아베 보로는 끝내 사망하고 말았다. 현장에 있던 다른 사냥꾼들은 이렇게 말했다.

"아벨은 타이어처럼 생긴 UFO가 쏜 빔을 맞았어요. 그러자 마치 전자제품이 합선된 것 같은 냄새가 나더니 그의 몸이 새하얗게 변했습니다."

아벨의 시체를 부검한 결과, 그의 몸속에는 단 한 방울의 피도 남아 있지 않았다고 한다. 하지만 지역 경찰이 흡혈 UFO 사건을 처리하기엔 역부족이었다. 결국 사건 진상 규명의 역할은 브라질군에게 넘어갔지만,

유감스럽게도 아직까지 이렇다 할 성과를 내지 못했다.
사실 여부를 차치하고서라도 UFO의 '흡혈 광선'은 인간의 상상을 뛰어넘는 경악스러운 기술이리라.

▶UFO에 공격당한 사냥꾼의 증언을 토대로 그린 일러스트

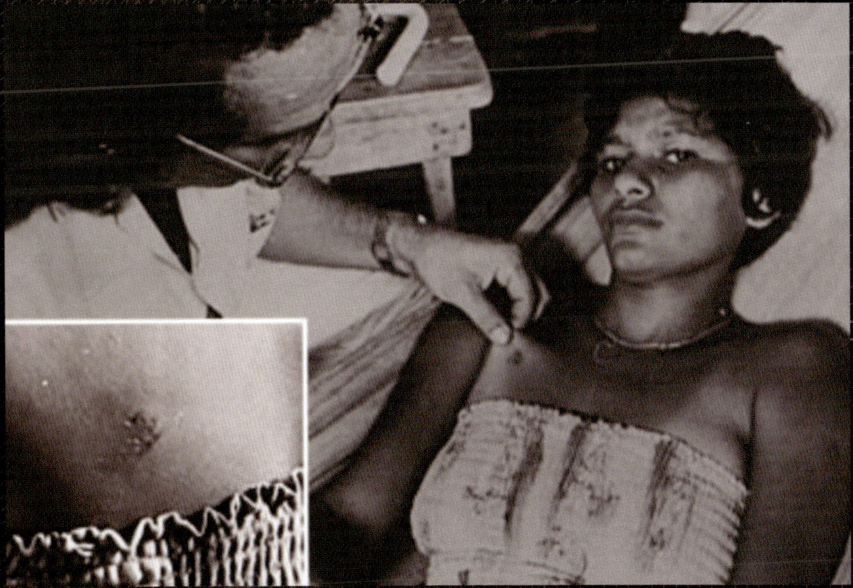

제2장 UFO가 남긴 기이한 흔적

UFO가 남긴 상처
▲의사의 검진을 받는 오로라 페르난데스. 왼쪽 사진은 상처가 있는 오른쪽 가슴을 확대한 것이다.

UFO에 탄 외계인에게 생체 실험을 당하다?
가축 살해(Cattle mutilation)

충격 정도 ★★★☆☆   [장소] 미국 등   [목격년도] 1967년

미국에서는 1960년대 후반부터 1970년대에 걸쳐 목장의 말이나 양이 죽임을 당하는 경악스러운 사건이 발생했다. 전날까지도 건강했던 가축이 다음날 아침 메스나 레이저 같은 것에 몸의 일부가 잘리거나 온몸의 피가 사라지는 등, 참혹하기 그지없는 사건이었다. 더욱 놀라운 것은 현장 주위에 범인이 침투한 흔적이 없었다는 점이다.
이 일련의 사건들은 훗날 가축 살해로 명명되었다. 그러나 1980년대에 접어들면서 미국 각지에서 비슷한 사건이 연달아 발생했으며, 피해 범위도 가축뿐만 아니라 개와 고양이까지 확대되었다.
게다가 캘리포니아에선 피가 없는 펠리컨이 발견되었고, 텍사스에서는 피가 없을 뿐만 아니라 몸까지 절단당한 비둘기가 발견되었다. 그래서 '동물 살해(Animal mutilation)'라고도 한다.

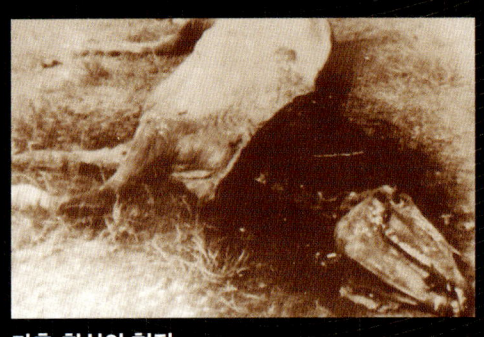

가축 학살의 현장
▲ 1967년 콜로라도 주에서 발생한 사건으로, UFO의 소행으로 추측되는 세계 최초의 가축 살해 사건이다.

이런 잔인한 수법으로 보아 코요테 등의 야생 육식 동물 짓이라고는 도저히 생각할 수 없었다.
동물 살해 사건에는 굉장히 중요한 특징이 있었다. 사건 현장에서 UFO를 봤다는 사람들이 있었던 것이다.
이상 현상 연구가이자, 가축

살해를 취재하기도 했던 린다 하우는 UFO 목격담에 기초한 가설을 세워 일련의 사건을 다음과 같이 설명하기도 했다. "외계인이 UFO로 동물들을 끌어들인 뒤, 피를 뽑는 등의 생체 실험을 하고서는 그 사체를 다시 목장에 떨어뜨렸을 것이다." 사실 1967년 9월 7일에 사체로

▲1992년 3월 28일, 오스트레일리아에서 UFO가 미지의 힘으로 소를 끌어올리는 결정적인 순간을 포착한 사진이다.

발견되어 1호 가축 살해 사례가 되기도 했던 콜로라도 주의 말의 경우, 머리는 뼈만 남아 있었고 몸통과 분리된 상태였다. 더욱 이상한 것은 사체 주위에 불꽃이 분사한 흔적과 녹색 체액을 포함한 살덩어리가 발견됐다는 것이다. 또한 사건 현장 주위에서 방사능이 검출되기도 했다. 현장 근처에서 UFO를 목격했다는 사람들도 적지 않았다.

UFO와 외계인의 목적은 알 수 없지만, 부디 해결의 실마리가 풀리길 바랄 뿐이다.

UFO에 공격당한 남성
기괴 광선 살해 사건

| 충격 정도 ★★★☆☆ | [장소] 뉴질랜드 [목격연도] 1968년 |

① 1968년 2월 2일 오전, 뉴질랜드 오클랜드 교외에서 목장을 운영하던 에이모스 밀러와 그의 아들 빌은 밭에서 일을 하던 중이었다. 그때 갑자기 '픽!' 하는 소리가 나더니 UFO가 모습을 드러냈다. 둥근 모양의 UFO는 200m 앞에 있었는데, 땅에서 약 5m 정도 뜬 상태로 정지해 있었다. 금속제로 만들어진 듯한 기체의 윗부분에는 탑처럼 생긴 것이 붙어 있었는데, 그곳에 둥근 창문이 여러 개 나 있었다. UFO는 3개의 다리를 내리더니 땅에 착륙했다.

두 사람은 홀린 듯이 UFO에 가까이 다가갔다. 하지만 빌은 중간에 겁을 먹고 발걸음을 멈추었다. 그러자 UFO에서 눈부신 빛이 나오더니 에이모스 밀러의 온몸을 휘어 감았다. 그 바람에 에이모스는 쓰러졌고 UFO는 사라지고 말았다.

빌은 황급히 아버지에게 달려갔지만 이미 숨이 끊어진 뒤였다. 더욱이 뺨부터 후두부까지 피부가 녹아내린 것처럼 사라지고 없었다. 하지만 빌의 신고를 접수하고 현장에 도착한 경찰은 살인 용의자로 빌을 체포했다.

의사가 에이모스의 시신을 부검한 결과, 머리를 제외하고는 상처가 한 군데도 없었으며, 특이하게도 뼈에서 인 성분이 완전히 빠진 상태였음이 밝혀졌다. 현장에서 직경 약 18m 정도 되는 착륙 흔적이 발견되기도 했다. 그 덕분에 빌은 혐의를 벗고 풀려났다. 이후 이 사건은 UFO 살인 사건으로 유명해졌다.

FILE NO. 047
UFO & Alien

UFO가 EM 효과를 일으키다?
UFO 대정전 사건

| 충격 정도 ★★★★★ | [장소] 미국, 캐나다 | [목격년도] 1965년 |

뉴욕을 시작으로 미국 북동부에 있는 9개의 주와 캐나다의 2개 주가 갑자기 정전이 된 건 1965년 11월 9일 오후 5시 30분경이었다.
정전이 처음 시작된 시간은 뉴욕이 러시아워에 접어든 때라 대혼란에 빠지고 말았다.
미국 민간 UFO 연구 단체인 'NICAP(국가 공중 현상 조사 위원회)'가 독자적으로 조사를 한 결과, 캐나다와 미국에 정전이 시작되기 바로 전부터 도시가 어둠에 휩싸였을 때까지 UFO가 나타났다는 사실이 밝혀졌다. 목격자들에 의하면 UFO는 수십 대였다고 한다.
UFO가 접근하면 전기 장치와 인간에게 어떤 영향을 미친다고 한다. 이것을 'EM 효과(전자 효과)'라고 한다. 이러한 이유로 NICAP에서는 정전이 된 원인을 UFO라고 결론 내렸다.

▲정전이 된 날 밤, 뉴욕 맨해튼에 나타난 UFO

제2장 UFO가 남긴 기이한 흔적

정체불명의 원반이 강렬한 열풍을 일으켰다!

UFO가 내뿜은 열풍에 당한 남자

| 충격 정도 ★★★★☆ | [장소] 캐나다 | [목격년도] 1967년 |

① 1967년 5월 20일, 스티븐 미쉘락은 캐나다 삼림 지대에 있는 팔콘 호수에서 사금을 채취하던 중이었다.

점심때쯤 그는 하늘을 나는 2대의 원통 모양 UFO를 발견했다. 그중 1대는 스티븐이 있던 장소에서 100m밖에 떨어지지 않은 곳에 착륙했고, 다른 1대는 엄청난 스피드를 내더니 구름 속으로 사라졌다.

지상에 착륙한 UFO의 직경은 약 10m 정도로, 윗부분에는 원형 돔이 있었으며, 옆면에는 통풍구와 해치 비슷한 것들이 있었다. 붉게 빛나던 UFO는 뜨겁게 달아오른 금속이 차갑게 식은 것처럼, 서서히 은색으로 변하기 시작했다.

흥미가 동한 스티븐은 UFO로 다가가, 해치를 통해 안을 들여다보았다. 안에는 불규칙적으로 깜빡이는 램프밖에 없었다. 그러나 그가 기체에 손을 댄 순간, 고무로 코팅된 그의 장갑이 녹아 버렸다. 더 큰 사건은 그 다음에 벌어졌다. 깜짝 놀라 손을 뗀 그에게 열풍이 불어닥친 것이다. 그 열풍은 UFO의 옆면에서 분사되었다. 타는 듯한 통증이 가슴을 엄습하더니 상의가 불에 타기 시작했다. 당황한 스티븐이 재빨리 옷을 벗어 던지자,

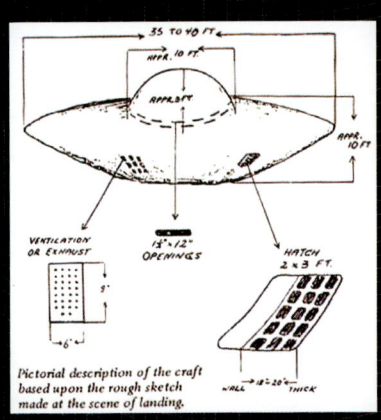

▲ 스티븐의 목격담을 기초로 그린 UFO. 열풍은 하단의 해치에서 나왔는데 배기구로 보인다.

다시 한 번 UFO에서
열풍이 쏟아졌다.
그 뒤로 UFO는
날아오르더니
모습을 감추었다.
주위에는 직경 4.5m
정도 되는 착륙
흔적이 남았으며,
지독한 유황 냄새가
진동했다고 한다.
그 후 스티븐은
입원했지만 몸무게가

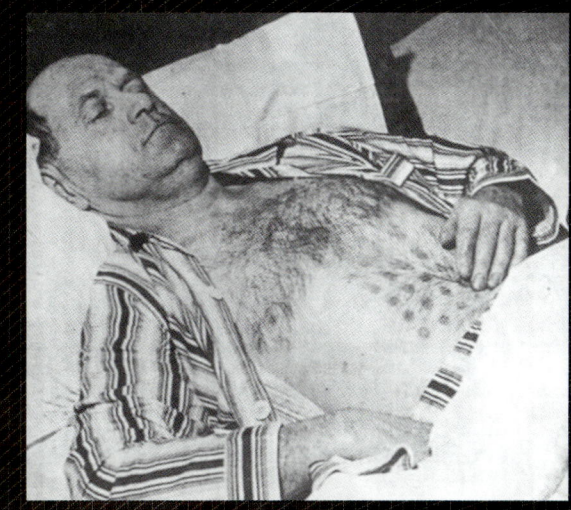

▲병원에서 화상을 입은 복부를 보여주는 스티븐.
기하학적인 문양이 나타난 상처로 보아, 사건이 얼마나
기괴했는지 알 수 있다.

급격히 감소했고 가슴에서 귀까지 부스럼이 났다. 게다가 배에는
기하학적인 모양의 화상 흔적이 생겼는데, 스티븐은 한동안 구토와
실신을 반복하며 고생했다고 한다.
의사에 따르면 초음파나 감마선에 노출됐을 가능성이 있다고 한다.
그가 병원에서 퇴원한 것은 입원한 지 반 년이 지난 뒤였다. 그리고
훗날 이루어진 현장
조사에서 착륙 흔적이
남았던 장소 부근의 흙에서
방사능 물질을 발견했다.

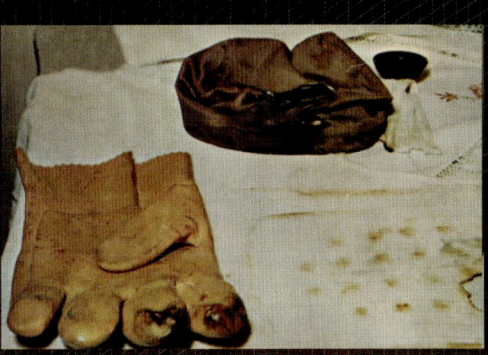

◀타 버린 스티븐의 장갑과 옷

FILE NO. 049 UFO & Alien

어떻게 생겼는지 알 수 없는 기하학적 문양.
이것을 만든 건 UFO?

미스터리 서클

충격 정도 ★★★☆☆ [장소] 영국 등 [목격연도] 매년

영국 남서부 지방의 논밭을 중심으로 매년 여름이 되면 하룻밤 사이에 아름다운 기하학적 무늬가 나타나곤 한다. 밀이나 보리 등의 곡물들이 쓰러지면서 섬세한 원형 문양을 나타내는 것이다. 이것이 바로 미지의 원을 뜻하는 '미스터리 서클'이다.

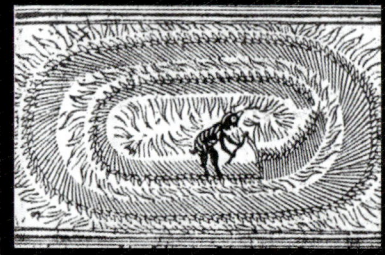

▲ 곡물을 원형 모양으로 베어 쓰러뜨린 악마를 그린 17세기의 판화

기록에 의하면 최초의 미스터리 서클은 동부에 위치한 하트퍼드셔에서 나타났다고 한다. 당시에는 악마의 소행으로 여겼는데, 악마가 곡물을 타원형으로 베는 모습을 그린 판화도 있었다.

서클이 생기는 원인으로 UFO가 착륙한 흔적, 플라즈마 형성설, 자기장 이상설 등 다양하게 언급되고 있다. 하지만 1991년에 두 명의 영국인이 한 폭탄 발언으로 세상이 들썩이기도 했다.

"미스터리 서클은 전부 우리가 만든 것이다!"

신문에서는 그들의 발언을 대서특필했고, 세상도 미스터리 서클의 수수께끼가 풀렸다고 믿었다. 하지만 그 이후에도 미스터리 서클은 영국을 중심으로 세계 곳곳에서 발견되었다. 최근에 나타난 미스터리 서클은 문양이 더 정교해지고 커지는 등, 하룻밤 사이에 만들기는 불가능한 것들뿐이다. 그래서 모든 미스터리 서클을 인간이 인위적으로 만들었다고 보기에는 무리라고 생각하는 이들도 있다.

영국의 미스터리 서클
▲ 사진은 2007년에 영국에 나타난 미스터리 서클이다. 곡물들이 부자연스럽게 쓰러져 있으며, 전체 모습은 하늘에서 봐야 알 수 있다. 모양은 다양하지만, 대부분이 좌우 대칭을 이루는 기하학적 문양이다.

야마가타 현에서 발견한 UFO 착륙 흔적

충격 정도 ★★★★☆ [장소] 일본 야마가타 현 [목격년도] 1986년

일본 야마가타 현 니시카와의 산간 지역에서 지름이 약 6m 정도 되는 원형을 그리며 넓은 국그릇 모양으로 풀들이 쓰러져 있는 것이 발견되었다. 1986년 8월 9일이었다.

이 흔적은 영국을 중심으로 나타났던 '미스터리 서클'이라고 해도 손색이 없을 만큼 기괴했는데, 길이가 2m가 넘는 풀들이 뿌리 부분부터 쓰러졌지만 맨 끝부분은 위를 향해 휘어져 있었다. 일부러 꺾은 흔적이나 불에 탄 흔적은 없었다. 사건 발생 장소는 사람의 왕래가 매우 드문 곳이라 누군가 일부러 그랬다고는 생각할 수 없었다.

처음 발견한 사람의 말에 따르면, 사건이 발생하기 이틀 전부터 늪의 수위가 8~10cm 정도 내려갔다고 한다.

이 사람의 가족들도 이렇게 증언했다.

"8월 8일 밤이었어요. 텔레비전이 갑자기 윙윙대더니 화면이 영 이상하게 나왔어요. 그래서 고장 난 줄 알았는데, 다음날 보니 멀쩡하더군요."

▲미스터리 서클의 중심 부분

UFO가 접근하면 전등이 점멸하거나 라디오에서 갑자기 이상한 소리가 들리는 등 전자 기기에 이상이 생긴다고 한다. 이것을 'EM 효과'라고 하는데, UFO가 전자 기기에 영향을 주기 때문인 것으로 추측된다.

더욱이 "8일 밤, 거대한 불덩이가 츠루베 쪽으로 떨어지는 것을 봤다는 친구가 있었다."는 증언으로 보아 UFO가 출현했을 가능성이 높다고 할 수 있다. 즉, 이 미스터리 서클은 UFO가 착륙하면서 생긴 자국이라는 뜻이다.

▲ 늪 일대를 조사하는 UFO 연구학자들

미스터리 서클이 나타난 건 늪지 가운데 있는 섬이었다. 사람이 그쪽으로 건너가기는 불가능했으리라. 또한 수위가 내려간 것은 UFO가 물기를 빨아들였기 때문으로 보인다. 그러므로 미스터리 서클 자체를 UFO가 착륙한 흔적으로 보는 것이 맞지 않을까?

일본의 미스터리 서클
▲ 늪지 한가운데 떠 있는 섬에 갑자기 나타난 둥근 모양의 흔적

SETI로 외계인을 찾아라!

외계인 즉, 외계에 지적 생명체는 실제로 존재할까? 이 사실을 과학적으로 증명하고자 했던 움직임이 1960년에 시작된 'SETI(Search for Extra-Terrestrial Intelligence의 약자)=외계 지적 생명체 탐사 프로젝트'이다. 현재도 미국을 중심으로 일본 등지에 있는 각국의 연구 기관과 대학 부설의 천문대가 힘을 합쳐 조사를 하는 중이며, SETI는 이 모든 조사 활동을 가리키는 명칭이기도 하다.

1959년 미국의 천문학자 프랭크 드레이크가 "만약 외계에 문명이 존재한다면 그들과 전파로 통신할 수 있지 않을까?"라고 제안한 것이 계기였다. 이듬해에는 이를 바탕으로 미국 국립 전파 천문대에서 지구 밖 지적 생명체 탐사를 목적으로 한 SETI 제1탄인 '오즈마 계획'을 실행했다.

전파를 이용한 탐사 방법은 현재 가장 폭넓게 실시되는 방식이기도 하다. 구체적으로 지표의 거대 전파 망원경으로 수신한 다양한 우주의 전파를 분석하여, 자연적으로 발생한 것이 아닌 것, 즉 외계인이 보낸 신호를 찾는 것이다. 이 외에도 적외선 망원경과 광학 망원경이 사용된 적도 있다.

그렇다면 성과는 어땠을까?

현재 일반인들도 컴퓨터로 SETI에 참가할 수 있는 'SETI@HOME'이 시행되고 있으나, 유감스럽게도 외계인이 보냈다고 할 만한 신호는 아직 찾지 못했다. 그러나 광대한 우주 어딘가에 생명체는 반드시 있을 것이다. 앞으로 펼쳐질 활동에 주목하자!

▲세계 최대의 전파 망원경이 있는 푸에르토리코의 아레시보 천문대

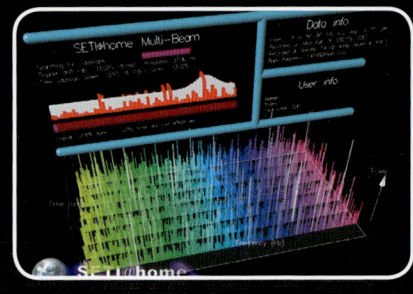

▲아레시보 천문대가 모은 전파를 분석하여 신호를 내보내는 작업을 전 세계의 컴퓨터로 수행하는 'SETI@HOME'. 사진은 그 홈페이지를 찍은 것이다.

◀SETI 계획의 창시자인 프랭크 드레이크

우주에서 목격한 UFO 현상

제 3 장

지구를 방문하기 전 단계일까?
우주에서도 UFO는 발견된다.
우주 비행사와 인공위성 등이 찍은 모습은
과연?

051 UFO & Alien

우주 비행사의 머리 위로 발광체가 나타났다!
아폴로 계획과 UFO

| 충격 정도 ★★★☆☆ | [장소] 달 | [목격년도] 1969년 |

아폴로 계획은 1962년 1호로 시작해 1972년 17호로 종료된, NASA(미국 항공 우주국)의 유인 우주선 비행 계획이다. 우주에 인류의 발자취를 남기고자 한 이 장대한 시도는 1969년 7월 20일, 아폴로 11호가 역사상 최초로 달 표면 착륙에 성공하면서 전 세계에 성과를 알렸다. 달 표면에 처음으로 발을 디딘 루이 암스트롱의 말은 역사에 길이 남는 명언이 되었다.

"한 인간에게는 작은 한 걸음이지만 인류에게는 위대한 도약이다."

하지만 이때 달 표면에 UFO도 있었다는 사실을 아는 사람은 많지 않다. 아래 사진은 달 표면에 있던 에드윈 올드린을 닐 암스트롱이 촬영한 것으로, 얼굴 가리개 부분을 확대하면 2개의 발광체를 볼 수 있다.

▲에드윈 올드린의 얼굴 바이저에 반사되어 찍힌 수수께끼의 발광체(화살표 부분). 이때 무엇인가가 우주를 날고 있었다.

즉, 실제 촬영자였던 닐 암스트롱의 등 뒤에 발광체가 있었다. 물론 혜성이나 다른 별이 찍혔을 가능성도 있지만, 발광체의 정체가 신경 쓰이는 것만은 분명하다. UFO를 찍은 건 아폴로 11호만이 아니다. 1969년 11월 14일에 발사되어 인류 역사상 두 번째로 달 착륙에 성공한 아폴로 12호도 수수께끼의 발광체를 사진으로 남겼다. 그 순간을 촬영한 우주 비행사는 분명 거대한 발광체의 존재를 눈치 챘을 것이다. 당시에 연속하여 찍은 사진들을 보면 발광체가 우주 비행사 뒤에서 앞으로 이동한 것으로 보인다. 우주 비행사의 앞쪽이 밝아진 것으로 보아 발광체가 우주 비행사의 머리 위를 지나갔음을 알 수 있다.

아폴로 계획으로 수집한 영상에는 UFO일지도 모르는 물체가 제법 찍혔다고 한다. 하지만 이 모든 의혹에 대해 NASA에서 공식적으로 입장을 밝힌 적은 단 한 번도 없다.

아폴로 12호의 UFO
▲큰 사진 바로 다음에 찍은 것이 작은 사진이다. 작은 사진에서 우주 비행사의 앞쪽이 밝아진 것으로 보아, 하늘을 날던 발광체가 이동한 것으로 보인다.

FILE NO. 052 UFO & Alien

NASA의 태양 조사 위성이 거대한 UFO를 촬영했다!

솔라 크루저

| 충격 정도 ★★☆☆☆ | [장소] 태양 주위 | [목격년도] 2002년~ |

태양 조사를 목적으로 미국 NASA가 운용하는 위성 'STEREO'가 태양 주위를 비행하는 UFO 비슷한 물체를 촬영했다. 2002년부터 출현 빈도가 잦아졌던 '솔라 크루저(태양 순양함)'의 특징은 크기가 거대하다는 데 있다. 솔라 크루저의 모양은 다양한데, 긴 꼬리를 가진 공 모양과 날개가 있는 천사의 모습까지 발견되었다. 예를 들어 2012년 4월 2일에 촬영한 사진에는 솔라 크루저가 3대나 찍혔는데, 양쪽에 있는 돌기 비슷한 것들은 직경만 대충 계산해 봐도 지구의 약 3배였다고 한다. 3개 모두 태양 근처에 있었음에도 태양의 중력이나 고온에는 영향을 받지 않았다. 그렇다면 정체는 과연 무엇일까?

먼저 금성이나 수성 같은 행성이 찍힌 것이라는 설이 있다. 물론 태양계 행성이 사진에서 하얗게 빛나 보이는 경우는 있지만, 솔라 크루저는 나타난 지 15분 만에 사라져 버리기 때문에 태양계 행성으로는 보이지 않는다. 운석이나 소행성으로 보기에는 형태가 너무 다르다.

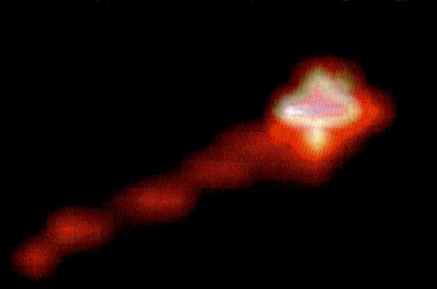

▲항적을 그리며 비행하는 원반 모양의 솔라 크루저

또한 행성이라면 지구에서도 충분히 보였을 것이다. 물론 눈에 보이지 않은 것으로 보아, 태양 활동과 관련된 노이즈(전파 방해)일 가능성도 배제할 수는 없다.

태양 주위에 있는 UFO를

연구하는 학자 중 한 사람은 그 정체에 대해 이렇게 말했다.
"어쩌면 외계인들이 조종하는 UFO가 태양 내부에 있는 블랙홀을 이용, 다른 차원을 자유자재로 드나들면서 태양계와 지구 등을 관찰하고 있는 건지도 모른다."
정말 그의 말처럼 다른 차원에서 온, 하지만 육안으로는 도무지 보이지 않는 거대한 우주선이 데이터에만 흔적을 드러낸 것일까? 과거에 비해 우주 관측 기술이 발전한 요즘, 외계인이 지구를 찾아오고 있는 게 사실이라면 언젠가는 반드시 우주 공간에서 UFO를 관측할 날이 올 것이다.

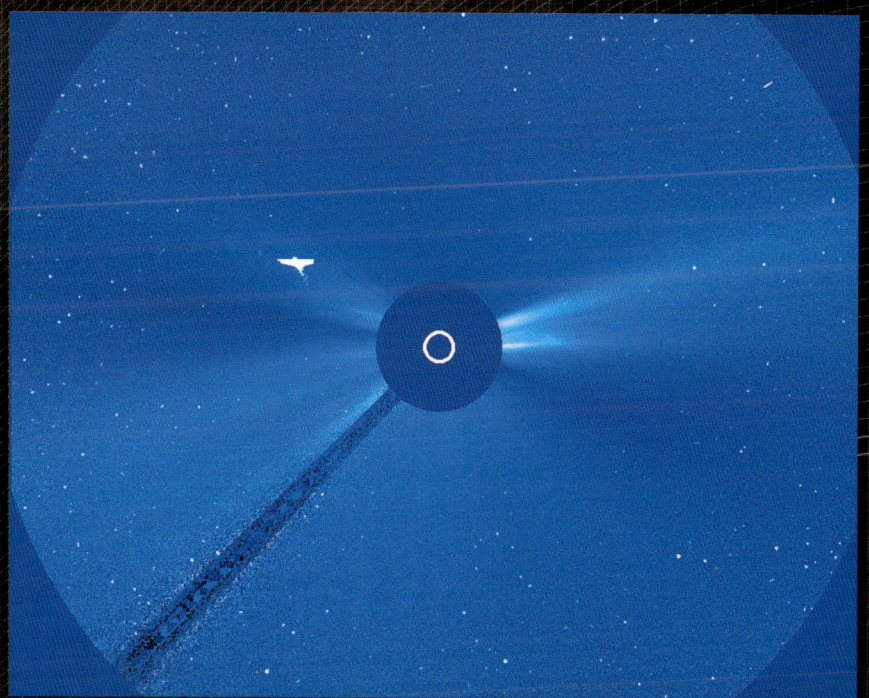

솔라 크루저
▲다양한 모양의 솔라 크루저 중 하나. 천사를 닮아 '솔라 엔젤'이라고도 한다(2006년 4월 26일 촬영).

육안으로는 볼 수 없었던 미지의 물체
기상 관측 위성이 찍은 UFO

충격 정도 ★☆☆☆☆   [장소] 지구 주위   [목격년도] 1992년 등

상 공 35,200m에서 지구 기상을 관측하는 NOAA(미 해양 대기국)의 정지 실용 환경 위성 'GOES-8'이 1999년 11월 21일 14시 45분, 미국 워싱턴 주 상공에서 수백 km 떨어진 지점으로 이동하는 거대한 물체를 포착했다. 색으로 볼 때 물체는 입체적인 구조를 지녔으며, 주위에서는 증기가 발생했고 강력한 적외선을 방출했다고 한다. 하지만 물체가 잡힌 사진 앞뒤로는 아무것도 찍혀 있지 않았기에 이 물체가 나타난 것은 아주 짧은 시간이었을 것이다.

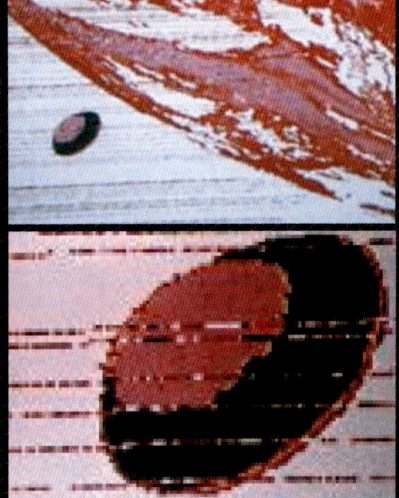

▲ 위성 'GOES-8'이 찍은 UFO. 아래는 그것을 확대한 사진이다(1992년 7월 17일 촬영).

이것의 정체에 대해 일부 천문학자들은 달이나 혹은 달의 그림자라고 주장했다. 하지만 이 주장에는 설득력이 없다. 예를 들어 달의 직경은 지구의 약 5분의 1이지만, 지구와의 위치를 고려할 때 달이라고 하기엔 지나치게 크기가 클 뿐만 아니라, 기상 관측 위성이 달을 찍으면 이런 각도로 나오기 힘들다.

더욱이 달은 스스로 열을 만들지 못한다. 그럼에도 불구하고 물체의 적외선 사진은 새까맣게 찍혀 있다. 이는 열을 내고 있다는 증거다.

GOES-8이 UFO 비슷한 물체를 촬영한 것은 처음이 아니었다. 미국 UFO 연구가인 필립 인브로그노는 GOES-8이 보낸 위성 사진을 독자적으로 입수한 뒤, 이렇게 말했다.
"나는 UFO의 움직임을 실시간으로 받을 수 있었습니다. UFO는 천천히 이동했는데, 위성과의 거리도 16~19km 정도밖에 떨어져 있지 않았습니다. UFO는 직경이 120~150m는 되어 보일 만큼 거대했고, 적외선 사진으로 보아 상당히 고온임을 알 수 있었습니다."
하지만 이렇게 거대한 UFO를 육안으로는 볼 수 없다. 빛을 굴절시키는 미지의 기술 덕분일까? 필립은 납득할 수 있는 해답을 찾아 조사를 계속하고 있지만, UFO의 정체는 여전히 수수께끼로 남아 있다.

▲1999년 11월 21일 GOES-8이 촬영한 미국 상공을 나는 UFO

화성 대기를 비행하던 수수께끼의 물체
화성에 나타난 시가 모양의 UFO

충격 정도 ★★★★★ | [장소] 화성 [목격년도] 2004년

2004년 3월, NASA의 화성 탐사선 로버가 송신한 것은 시가(원통 모양) 모양의 비행 물체가 찍힌 사진이었다. 로버에 탑재된 카메라의 움직임을 확인한 NASA의 과학자는 이 물체에 대해 다음과 같이 설명했다.

"이 물체의 정체가 무엇인지는 아직 파악하지 못했다. 현재 단서를 찾는 중이다."

시가 모양의 UFO
▲화성 상공을 나는 수수께끼의 비행 물체

물체의 존재를 부정하지 않은 것으로 보아 우주 먼지나 노이즈(전파 교란)처럼 쉽게 파악할 수 있는 것은 아니었음을 알 수 있다.

사실 NASA가 화성의 대기를 비행하는 물체로는 인정했다. 하지만 그것이 UFO인지 아니면 운석 등의 자연 현상인지, 그것도 아니면 화성 하늘을 나는 인공위성인지에 대해서는 의견이 분분하다고 한다.

여전히 결론을 내리지 못한 채, 비행 물체의 실체는 미궁에 빠졌다.

FILE No. 055 UFO & Alien

구소련의 우주 정거장에서 촬영했다!
미르에서 찍은 공 모양 UFO

충격 정도 ★★★★★ [장소] - [목격년도] 1999년

미르는 소련(현재의 러시아)이 쏘아 올려 2001년 4월까지 운영된 우주 정거장이다. 1999년, 미르에 탑승한 프랑스 우주 비행사 장 피엘 에뉴레가 촬영한 우주 공간 사진에 공 모양의 UFO가 찍혀 있는 것이 최근 들어 밝혀졌다.

공 모양의 UFO
▲우주 정거장 미르에서 촬영한 공 모양의 미확인 비행 물체. 왼쪽은 확대한 사진이다.

지구 어느 지점인지는 알 수 없으나, 구름보다 더 높은 곳에 금속으로 만든 듯한 물체가 보인다. 사진을 확대하면 역광으로 촬영했을 때 나타나는 빛의 교란이 아닌, 입체적인 물체임을 알 수 있다. 단 UFO의 비행법 등을 포함해 사진만으로는 알 수 없는 것이 많아, 우주를 떠도는 쓰레기이거나 혹은 어떠한 이유로 발생한 빛의 교란일 가능성도 여전히 남아 있다.

미지의 물체가 빛 속으로 돌진했다!
토성 탐사선과 UFO

충격 정도 ★★★★★　[장소] 토성 주위　[목격년도] 2006년

카시니는 NASA와 ESA(유럽 우주 기관)가 개발하여 1997년에 발사한 토성 탐사선이다. 2004년 6월 30일 토성 궤도에 도달하여, 토성과 토성 위성의 영상 데이터를 지구로 보냈다.

그중에 이상한 사진이 있었다. 2006년 5월 23일에 촬영한 사진 중 1장으로, 카시니가 토성에서 토성의 9번째 위성인 테티스로 가던 중에 찍었다.

사진을 보면 강렬한 빛의 덩어리가 있고, 그것을 검은 물체가 뚫고 나오고 있다. 이 비행 물체의 정체를 사진만으로는 알 수가 없어 NASA도 당혹스러워 했다고 한다.

하지만 카시니가 UFO의 모습을 찍은 사진은 더 있었다.

2004년에도 토성 궤도에 있는 기묘한 물체들을 촬영했다. 물체들의 모습은 다양했는데, 신발 굽처럼 생긴 것도 있고 거대한 원통 모양의 물체도 있었다. 그것들을 아무리 살펴봐도 자연적으로 생겼다고는 볼 수 없었다. 하지만 인공물이라고 해도 이것들이 어디에서 왔는지 알 수가 없다. 어쨌든 이것들이 토성에 있는 것만은 확실하다.

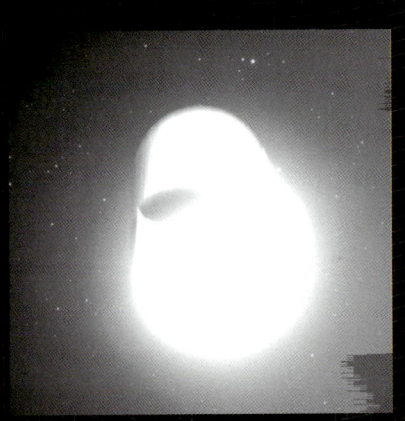

◀ 빛 속에서 미지의 물체가 나오고 있다.

우주 비행사가 외친 "보기!"의 정체는?
제미니 계획과 UFO

충격 정도 ★☆☆☆☆ [장소] 지구 주위 [목격년도] 1965년

제미니 계획은 머큐리 계획을 잇는 아폴로 계획에 필요한 기술의 실용화를 목적으로 1964년부터 1966년까지 실시된 NASA의 우주 계획이다. 이때 참가했던 우주 비행사들 중에 UFO와 만난 이들이 있다. 예를 들어 1965년 12월 4일, 제미니 7호가 "10시 방향에서 보기(Bogey, 정체불명의 물체)를 발견했다!"는 연락을 해 왔다.

▲제미니 7호가 촬영한 UFO로 보이는 2개의 물체

그 후, 우주선에서 지구로 보낸 사진에는 2개의 발광체가 찍혀 있었다. 하지만 이 물체는 선체의 일부일 가능성이 높아 그들이 말한 '보기'와는 다른 물체인 것으로 보인다.

이 사건이 있은 뒤, 우주 비행사인 고든 쿠퍼는 이렇게 말했다. "외계인이 인류와 접촉을 하기 위해 지구를 정기적으로 찾아오고 있다. NASA와 미국 정부는 이것을 알고 있으며 굉장히 많은 증거도 가지고 있다."

소수의 사람만이 아는 외계인에 대한 비밀 정보가 있을지도 모르겠다.

화성 탐사선을 격추시킨 건 UFO?
포보스 2호와 UFO

충격 정도 ★★★★☆　　[장소] 화성 주위　[목격년도] 1989년, 1991년

소련(현재의 러시아)이 1988년 7월에 발사한 화성 탐사선 포보스 1호와 2호는 순조로운 항해를 하고 있었다. 하지만 포보스 1호는 발사된 지 2개월 만에 화성으로 가는 궤도에서 교신이 갑자기 끊기고 말았다. 또한 포보스 2호도 이듬해 3월, 위성 포보스에 소형 착륙기를 투하하기 바로 직전, 통신이 끊겼다. 포보스 계획을 담당했던 과학자들은 2호와 연락이 두절되자 원인을 제어 컴퓨터의 고장, 혹은 충돌로 발표했다. 하지만 2호가 통신이 두절되기 직전에 보내온 화성 표면의 적외선 사진에는 놀랄 만한 비밀이 숨겨져 있다. 시가 모양의 거대한 UFO로 보이는 물체가 찍혀 있었던 것이다.

게다가 1991년 12월에는 포보스에 갑자기 접근한 어떤 물체가 찍힌 적외선 사진이 일반에 공개되었다. 러시아에서는 2장의 사진에 찍힌 수수께끼의 물체가 UFO라는 견해를 내놓기도 했다.

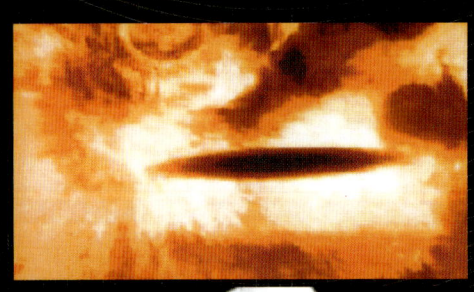

◀(위)2호가 사라지기 직전에 찍은 시가 모양의 UFO 그림자.
(아래)화성 위성인 포보스로 접근하는 UFO의 적외선 사진

FILE N.O **059**
UFO & Alien

머큐리 계획에서 촬영된 수수께끼의 발광체
우주 반딧불이

충격 정도 ★★☆☆☆　　[장소] 지구 주위　　[목격년도] 1962년

미국 최초의 유인 우주 비행 계획인 머큐리 계획은 1961년부터 1963년까지 실시되었다. 1962년 2월 20일, 우주선 프렌드십7에 탑승했던 존 글렌은 '우주 반딧불이'로 불리는 수천 개의 작은 빛들이 우주선을 향해 날아오고 있다고 보고했다. '우주 반딧불이'는 1950년대에 외계인과 교신을 해 왔다고 주장한 조지 아담스키가 붙인 이름이다. 우주에서 볼 수 있는 반딧불이와 비슷한 발광체로 외계인이 탄 우주선이라고 그는 말했다. 과학적으로는 우주선에서 발사된 수증기가 우주 공간에서 얼어붙어, 얼음 입자가 빛을 내는 것으로 보고 있다. 그러나 존 글렌이 본 빛은 우주선에서 떨어진 것이 아니라 맞은편에서 날아 왔으며, 그들이 탄 우주선은 그 사이를 그대로 통과했다고 전했다. 머큐리 계획이 실시되는 동안 UFO를 목격했다는 이야기가 종종 들려 왔다. 외계인은 우주로 진출하려는 인간을 감시하고 있는지도 모르겠다.

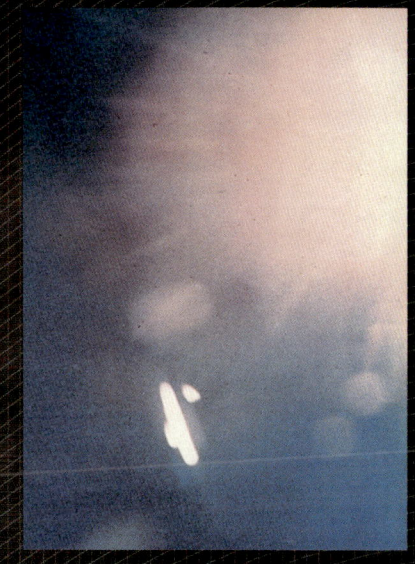

우주 반딧불이
▲존 글렌이 탄 우주선이 촬영한 우주 반딧불이

제3장 우주에서 목격한 UFO 현상

FILE NO. 060 UFO & Alien

추정 길이 50,000km의 초거대 우주선이?

토성에서 발견된 거대한 UFO

충격 정도 ★★★★★　　[장소] 토성 주위　　[목격년도] 1980년대

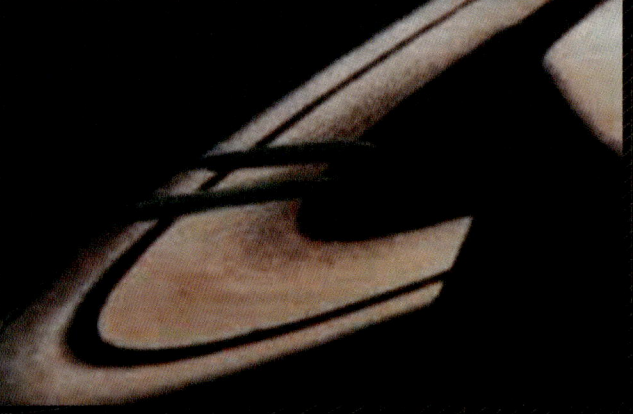

▲무인 우주 탐사선 보이저가 찍은 토성 고리의 사진. 2대의 시가 모양의 UFO가 보인다.

토성의 고리 주위에 거대한 UFO가 나타났다고 주장한 이는 항공 우주 공학을 전공한 노먼 버그룬 박사였다. 노먼 박사는 1980년대에 토성을 탐사한 무인 우주 탐사 보이저 계획에서 시가 모양의 UFO를 발견했다고 한다. 추정 길이는 약 50,000km. 지구 지름의 약 4배에 달하는 거대한 물체였다. 웬만한 혹성 사이즈인 우주선에는 외계인이 타고 있으며 그들은 인류가 모르는 기술로 광대한 우주를 자유자재로 이동한다고 한다. 또한 다른 사진들을 볼 때 이 물체는 진행 방향으로 선체를 늘렸다 줄였다 하면서 비행하는 것처럼 보인다.

더욱이 노먼 박사는 토성 고리가 인공적으로 만들어진 것이며, 거대한 우주선이 이 작업을 담당했다고 주장했다. 물론 현재 과학에서는 토성 고리가 무수히 많은 얼음 입자로 이루어져 있다고 보고 있다. 만약 노먼 박사의 주장이 사실이라면 엄청난 발견을 한 셈이리라.

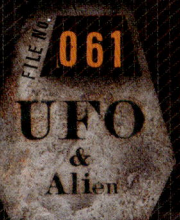

아폴로 17호가 촬영한 것은 외계인의 두개골일까?

달 표면의 외계인

충격 정도 ★★★★☆ [장소] 달 표면 [목격년도] 1972년

1972년 12월 11일, 아폴로 17호는 달 표면 '맑음의 바다'에 착륙했다. 우주선에 탑승했던 우주 비행사 유진 서넌과 해리슨 슈미트가 작은 분화구들을 촬영한 사진들 중에 수상한 물체가 찍혀 있다. 사진을 확대하면 마치 로봇의 머리처럼 보이는 물체가 나타난다. 입가가 붉게 물들어 있고, 눈과 코 비슷한 부분에는 그림자가 드리워져 있다. 달 표면의 운석이 사람 얼굴처럼 보일 가능성도 있지만 얼굴의 붉은 부분은 인공적으로 만든 것처럼 보인다. 만약 이것이 인공적으로 만든 물체거나 혹은 생명체의 두개골이라면 달에는 생명체가 존재했다고도 할 수 있으리라.

게다가 20호까지 예정되어 있던 아폴로 계획이 17호로 중단된 것도 의심스러운 부분이다.

▶ 영화 『스타워즈』에 등장한 로봇, C-3PO와 비슷하다.

제3장 우주에서 목격한 UFO 환상

UFO·외계인 특별 갤러리 ②

오래전에 지구에 왔었다?
'고대의 우주 비행사'들

지금까지 수많은 UFO가 지구를 찾아왔다면 과거에도 외계인은 왔을 것이다. 머나먼 지구까지 찾아온 '고대의 우주 비행사'들을 나타낸 증거는 전 세계 곳곳에 남아 있다!

외계인을 그린 벽화

아프리카 북부, 사하라 사막 중앙 타실리나제르에서 발견된 벽화 중에는 키가 약 3m 이상에 머리에 뿔이 달린 거인이 그려진 것이 있다. 수천 년 전에 제작된 벽화 속 거인의 정체는 외계인일까?

공 모양 UFO의 공중전

1566년 8월 7일, 스위스 바젤 상공에서 발생한 공 모양 UFO들의 공중전을 그린 그림. 붉은 공들은 빛을 내는 것처럼 보이는데, 오늘날 UFO와 비슷한 형태다.

인류는 종종 외계인에게 공격을 받았던 걸까?

하늘을 나는 창

1561년 4월 14일, 독일 뉘른베르크에서 새벽녘 하늘에 2대의 원통 모양의 UFO가 나타났다. UFO에서 붉은색, 검은색, 푸른색 등의 창과 원반을 내보내기 시작했는데, 이것들은 지구를 공격하기 위한 무기였을지도 모른다.

그레이 에일리언을 닮은 신들

오스트레일리아 서부 캔버라에 있는 약 만 년 전쯤에 그려진 것으로 추측되는 암벽화이다. 원주민이 그린 '원지나'라는 신으로 추측되지만 둥근 머리와 거대한 눈이 그레이 에일리언과 몹시 닮았다.

신들의 비행선

인도네시아 보로부두르 유적에 있는 탑이다. 인도의 고대 문헌에 나오는 신들이 타고 다니던 '비마나'를 본떠 만든 것이라고 한다. 비마나는 어쩌면 과거 지구를 찾아온 외계인들의 UFO였을지도 모른다.

치부산 고분의 외계인

구마모토 현에서 6세기 초에 지어진 치부산 고분에 있는 벽화. 공중에 뜬 둥근 원들은 UFO, 벽화 속 인물은 안테나가 달린 헬멧을 쓴 외계인과 비슷하다. 옛 일본에 UFO가 찾아왔을지도 모른다.

고대의 우주 비행사

남아메리카에서 발견된 머리만 남은 토우. 우주 비행사의 헬멧 비슷한 것으로 얼굴을 가린 이 인물은 고대 지구를 방문한 외계인일 가능성이 있다.

외계에서 온 방문자

이탈리아 롬바르디아 주에 있는 암벽화. 만 년 전에 그려진 것이지만 벽화 속 두 인물이 마치 헬멧과 우주복을 착용한 것처럼 보인다.

고대 이집트의 외계인 돋을새김

약 4,300년 전 고대 이집트 시대에 지어진 무덤에는 괴상한 벽화가 있다. 왼쪽에 있는 건 아무리 봐도 곤충형 외계인이다. 고대 이집트 인들은 외계인과 직접 만났을까?

지구를 방문한 외계인에 대한 기록은 이 땅 곳곳에 남아 있다!

수수께끼의 우주 비행사

하늘에서 봐야만 전체 모양을 알 수 있는 페루의 나스카 지상화. 그중에서도 옆의 지상화는 헬맷을 쓴 것처럼 보이는 모습 때문에 '우주 비행사'로 불린다.

황금으로 만든 외계인 상?

↓콜롬비아 북부의 고대 유적지에서 발굴한 황금상은 신을 본떠 만든 것으로 추측한다. 그러나 황금상의 모습을 아무리 살펴봐도 헬멧과 우주복을 입은 우주 비행사처럼 보인다.

성서 속 UFO

성서에 등장하는 예언자인 에제키엘은 차의 타이어처럼 생긴 신을 봤다고 한다. 그가 말한 모습은 UFO 그 자체다. 어쩌면 성서에 적힌 신은 외계인일지도 모른다.

고대 신들은 지구를 방문한 외계인이 아니었을까?

이집트 왕과 태양 원반

약 3,300년 전 고대 이집트에서 아멘호테프 4세(오른쪽)는 태양신 아톤을 유일신으로 선포했다. 그가 아내와 함께 손을 뻗은 쪽 상공에 뜬 태양은 빛을 발사하는 UFO처럼 보인다!

그림 속 UFO

←↑ 이탈리아 베키오 궁전에 있는 15세기 목판화에는 여성의 머리 뒤쪽으로 수수께끼의 비행 물체가 그려져 있다. 확대하면 그림 속 한 남자가 그것을 유심히 관찰하는 모습도 볼 수 있다.

광선을 발사하는 UFO

1483년 이탈리아의 화가인 카를로 크리벨리가 예수의 탄생을 그린 '수태고지'. 하늘에는 광선을 발사하는 UFO가 있으며 그 광선이 성모가 있는 방을 비춘다. 예수 탄생과 외계인이 관련이 있는지도 모르겠다.

외계인의 종류

UFO에 탄 외계인의 정체가 제대로 밝혀진 건 아니지만, 지금까지 다양한 종류가 보고되고 있다. 인간과 거의 흡사한 외양인 '휴머노이드(인간형 에일리언)', 괴물 타입의 '에일리언 애니멀' 외에도 1970년대부터 피부가 회색이라 '그레이(grey)'라 불린 외계인의 활동이 두드러졌다.

또한 실제 형태는 알 수 없지만, 빛과 함께 나타나는 '발광체' 타입도 사진에 찍힌 적이 있으며, 최근에는 이차원에서 왔다는 '고스트(ghost)' 타입도 발견되고 있다. 이들 외계인이 모두 실제로 존재한다면, 지구는 수많은 외계인들이 노리는 먹잇감이 된 건지도 모른다.

휴머노이드

인간과 똑같이 생긴 외계인. 하지만 인간처럼 보이게 분장을 한 건지, 아니면 원래 인간과 비슷한 모습인 건지는 알 수 없다.

발광체

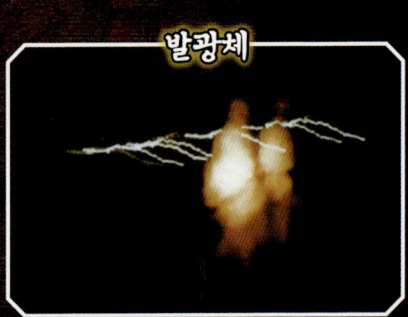

일본 에히메 현에서 촬영한 빛을 내는 외계인. 빛이 온몸을 감싸고 있기 때문에 진짜 모습은 알 수 없다.

그레이

사악한 의도를 품고 지구를 찾아온 그레이 에일리언. 눈꼬리가 치켜 올라간 눈은 대체적으로 아몬드 모양이다.

고스트

2004년에 네덜란드에서 찍힌 유령 에일리언은 실체가 없다. 그래서 다른 차원에서 왔다고 추측하고 있다.

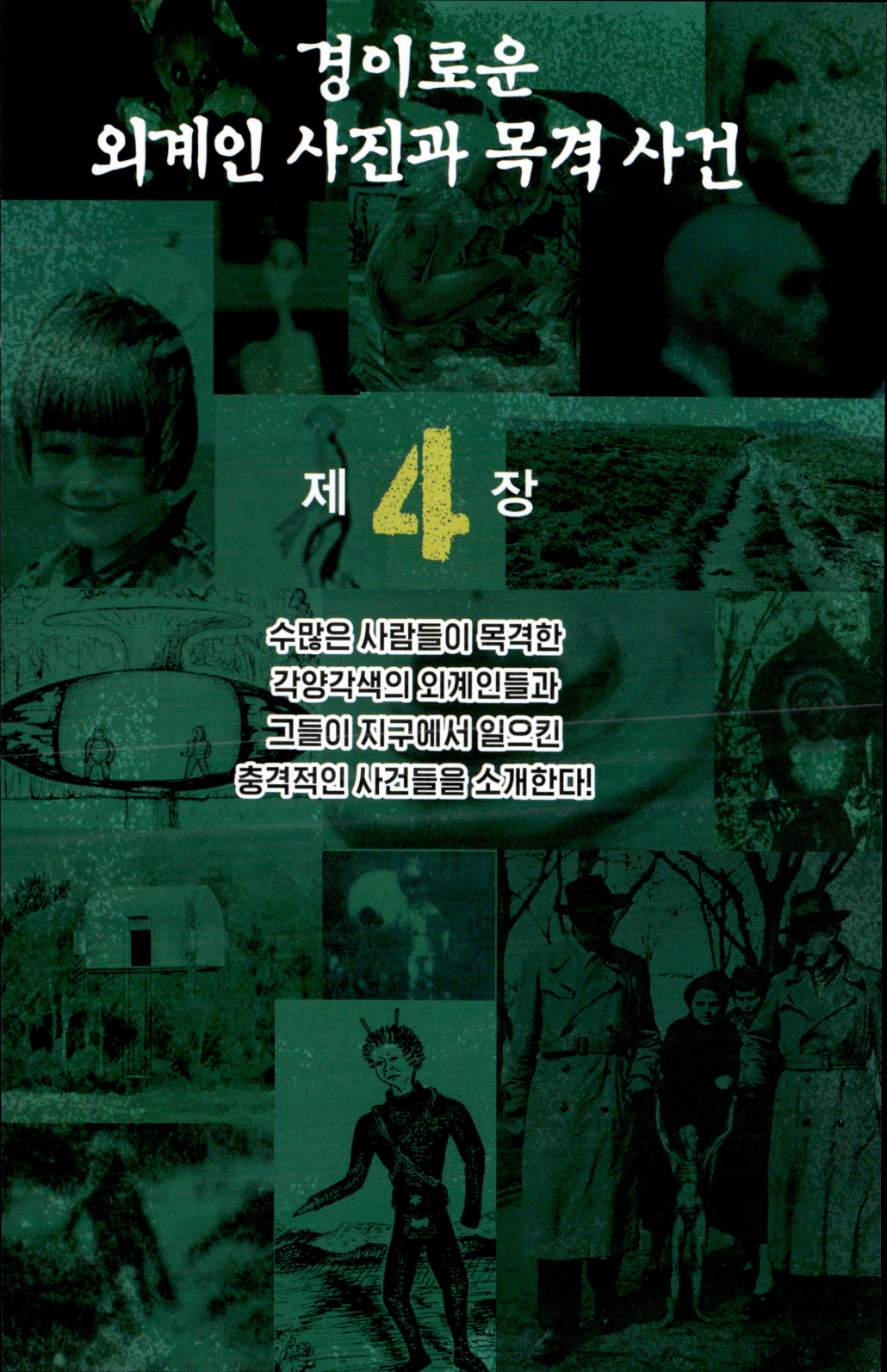
경이로운 외계인 사진과 목격 사건

제4장

수많은 사람들이 목격한
각양각색의 외계인들과
그들이 지구에서 일으킨
충격적인 사건들을 소개한다!

지구를 침략한 미지의 외계인
그레이 에일리언

| 충격 정도 ★★★★★ | [장소] 미국 등 | [목격년도] 1970년대 |

피부가 회색이어서 '그레이(Grey)'로 불리는 에일리언이 미국에 출현하기 시작한 건 1970년경이었다.

회색 피부를 지닌 것 외에 눈꼬리가 치켜 올라간 거대한 눈과 큼지막한 머리, 그에 비해 지나치게 작은 몸, 구멍밖에는 없는 코와 귀 등을 신체 특징으로 들 수 있다. 외계의 낮은 중력 때문인지 근육은 거의 없으며 키도 거의 1m밖에 안 되는 경우가 대부분이다.

지구에서 목격된 외계인 중 절반 이상이 이 그레이 에일리언인 것으로 보아, 점점 활동 영역을 늘리고 있는 것으로 추측된다.

그렇다면 이들은 도대체 지구에 왜 왔을까?

수많은 목격 정보를 분석한 UFO 연구가는 자신의 생각을 이렇게 말했다.

그들은 인간을 감시·조사하기 위해 지구를 찾아온다. 그 때문에 인간과 동물을 UFO 안으로 유인하여 생체 정보(신체 구조 등을 포함한)를 조사하거나 발신기 같은 것을 심어 실험 대상이 된 이의 행동을 감시하기도 한다. 하지만 피해를 입은 이들 중 대다수가 당시 기억을 하지

▲1994년에 로버트 딘이 잡지에 실은 그레이 에일리언의 사진

못해, 자신이 입은 피해조차 인지하지 못하는 경우가 많다. 그래서 최면술 등의 심리 치료 등을 이용해 두려운 경험을 떠올리는 경우도 있다. 이처럼 '그레이 에일리언'은 인간에게 우호적인 외계인은 아닌 것 같다. 또한 '51구역'으로 불리는 미국 내 극비 군사 시설에 지구에 추락한 UFO와 에일리언의 사체를 보관하고 있다는 소문이 있는데, 그 외계인 역시 그레이 에일리언이라고 한다.

그레이 에일리언은 정말 존재하는 걸까? 그렇다면 목적은 무엇일까? 그들이 교묘히 자신의 정체를 숨긴 채, 지구를 침략하기 위한 전략을 세우는 중이라면 이미 지구 침략 계획은 시작된 셈이다.

제4장 경이로운 외계인 사진과 목격 사건

▲1997년 3월에 공개된 그레이 에일리언의 심문 영상. 장소는 51구역 내의 시설이라고 한다.

◀2003년 3월에 미국 캘리포니아 주에서 적외선 카메라로 촬영한 어둠 속을 걷는 그레이 에일리언

FILE NO. 063
UFO & Alien

브라질에서 잡힌 외계인?
바르지냐 사건

충격 정도 ★★★★★ [장소] 브라질 [목격년도] 1996년

브라질 바르지냐의 어느 소방대에 '공원에 이상한 생물이 있다!'는 신고가 들어온 건 1996년 1월 20일 오전 8시경이었다. 야생 동물이 나타났다고 생각한 소방대원들은 여느 때처럼 차를 몰고 현장에 나갔다.
오전 10시경, 소방대원들은 마침내 공원 뒤 숲에서 그 '생물'을 발견했다. 하지만 그것은 지금까지 본 적이 없는 기괴한 모습을 하고 있었다. 키는 약 1m 정도로, 상체를 앞으로 구부린 채 걸었으며 머리에는 3개의 돌기 같은 것이 나 있었다. 눈은 피처럼 붉었고 피부는 기름을 칠한 것처럼 번쩍거렸다.
더욱이 어딜 다치기라도 했는지 걷는 모양이 영 불편해 보였다. 괴상한 생물은 '부웅~' 하고 울었는데, 그 소리는 흡사 벌떼 소리 같았다.

▲기괴한 생물을 목격했다는 소녀들이 발견 장소를 손으로 가리키고 있다.

처음 보는 괴물체에 소방대원들은 당황했지만 포획하는 데는 성공했다. 하지만 어느 틈엔가 출동한 군인들에 의해 공원 주위가 봉쇄되었으며 삼엄한 관리 하에 놓이게 되었다.
하지만 이것으로 사건이 종결된 건 아니었다.
오후 3시 30분경, 공원과 담벼락에서 3명의 소녀들이 공원에서 잡힌 생물과 똑같이 생긴 생물을 목격한 것이다.
이 생물 역시 소방대원이 포획하여 데리고 갔지만, 더욱 흥미를 끄는 것은 그 후의 일이다.
오전에 포획된 생물은 군 관계자들에게 이끌려 군 시설로 끌려갔으나, 군에서는 생물에 대한 어떤 공식적인 입장도 내놓지 않았다. 그러나 오후에 잡힌 생물은 무슨 이유에선지 민간 병원으로 압송되었고 21일 오후에 갑자기 숨을 거두었다고 한다.
도대체 이 생물의 정체는 무엇일까?
가장 먼저 떠올릴 수 있는 건 에일리언이다. UFO 연구가들의 말에 따르면, 1996년은 브라질에서 UFO가 연달아 목격되었던 시기였기에 그때 추락한 UFO도 있을 가능성이 높다고 한다. 그게 아니라면

생물을 잡기 위해 군까지 나타난 이유를 설명할 길이 없다. 사건이 있은 지 3개월 후에도 브라질에서 비슷한 생물이 목격되었다고 한다. 어쩌면 행방불명된 동료를 찾으러 온 건지도 모르겠다.

◀ 바르지냐에서 발견된 생물의 일러스트

FILE NO. **064**
UFO & Alien

녹색 에일리언이 몸을 검사했다!
얀 보르스키 사건

| 충격 정도 ★★★★★ | [장소] 폴란드 | [목격년도] 1978년 |

폴란드의 얀 보르스키(당시 나이 71세)는 1978년 5월 10일, 여느 때처럼 수레를 끄는 말을 타고 집으로 돌아오던 중이었다. 그때 여태껏 본 적이 없는 외모를 지닌 두 명의 사람이 그를 향해 걸어오고 있었다. 그들의 몸은 몹시 가늘었고, 온몸을 검은색으로 휘감은 상태였다. 옷은 마치 고무로 만든 것 같았는데, 굉장히 이국적으로 생긴 얼굴이었다고 한다. 얀이 그들과 가까워지자, 그들이 갑자기 얀의 양 옆에 앉았다. 그들이 하는 말을 알아들을 수는 없었지만 '태워 줘!'라는 뜻인 것 같았다.

▲얀 보르스키가 만난 외계인. 그들은 모두 같은 모습이었다.

수상쩍기 짝이 없는 두 사람은 굉장히 빠른 속도로 대화를 나누었다. 물론 얀이 지금까지 들어 본 적도 없는 나라의 언어였다고 한다.
두 사람을 태우고 숲속으로 접어드니 작은 방만한 크기의 하얀 상자가 땅에서 4~5m 높이에 떠 있는 것이 보였다. UFO의 네 귀퉁이에는 검은 봉이 붙어 있었고 물체의 주위로 스크루 같은 것이 돌고 있었다. UFO의 바로 아래에는 하강기처럼 생긴 게 있었는데, 두 사람의 독촉에 못 이겨 얀이 거기에 올라타자마자 장치가 위로 올라가기 시작했다. UFO의 출입문을 통해 안으로 들어서니 사각형 방에는 의자만 있을 뿐이었다.
두 사람의 동료로 보이는 이가 나타나 정중히 그를 맞이하고는 옷을 벗을 것을 부탁했다. 그가 시키는 대로 하자, 다른 이가 접시처럼 생긴 디스크를 가져와 마치 신체 검사라도 하는 것마냥 그의 머리부터 발끝까지를 샅샅이 훑기 시작했다.

▲이상한 체험을 한 뒤 인터뷰에 답하는 얀 보르스키

검사가 끝나자 얼음과자 같은 것을 먹으라고 권유했지만, 단 한 번도 본 적이 없던 음식이었기에 얀은 거절했다고 한다. 그는 그 뒤 얼마 안 있어 우주선에서 다시 내릴 수 있었다. 이 비행 물체를 얀뿐만 아니라 근처 농장에서 일하던 사람들도 목격했다고 한다.
외계인의 목적이 무엇이었는지는 모르지만 적어도 다른 행성에서 온 외계인이 인간을 조사할 목적이 있었던 것만은 확실하다.

◀숲 속 공터에 떠 있던 새하얀 UFO. 방처럼 생겼지만 날개가 없어도 날 수 있는 우주선이었다고 한다.

제4장 경이로운 외계인 사진과 목격 사건

외계인을 조작한 가짜 사진?
멕시코의 난쟁이 외계인

충격 정도 ★★★★☆   [장소] 멕시코?   [목격년도] 1950년대?

외계인 사진 중에서 오랜 세월, 가장 유명세를 떨친 것이 바로 이 멕시코에서 찍혔다는 사진이다. 하지만 상세한 정보는 알려진 것이 없으며, 1950년대 당시 서독의 퀼른 지역 신문에 실린 것이라고 한다.

사진 한가운데 있는 난쟁이 외계인은 멕시코에 불시착한 UFO에 탑승했던 승무원이며, 양옆의 코트를 입은 남자들은 CIA(중앙 정보국) 등의 미국 정부 소속 스파이들이 아니겠냐는 추측이 난무하는 중이다.

▲ 코트를 입은 남자들에게 끌려가는 난쟁이 외계인

하지만 이 사진을 언제, 어디서 찍은 건지 확실치 않으므로 UFO 연구가들 대부분은 조작된 사진이라고 생각한다. 외계인은 손을 뻗은 원숭이거나 사람이 만든 인형일 거라는 말이다.

사실 불시착한 우주선에서 내린 외계인치고는 지나치게 건강해 보인다. 다만 출처가 정확하지 않아 이것이 가짜인지, 아니면 진짜 사진인지는 단정 지을 수 없다.

FILE NO. 066 UFO & Alien

사진을 찍은 사람조차 몰랐다!
소녀의 뒤에 나타난 외계인

충격 정도 ★★★☆☆　　[장소] 영국　[목격년도] 1964년

영국인 소방수 제임스 템플턴은 1964년 6월 초순, 웨스트모랜드의 고원에서 5살 딸아이, 엘리자베스의 사진을 촬영했다. 그리고 며칠 뒤 필름을 현상한 그는 소녀의 뒤로 사람 비슷한 것이 찍힌 것을 발견했다.
자세히 보면 헬멧을 쓰고 우주복 내지는 방호복으로 보이는 것을 입은 모습이다. 물론 제임스는 촬영 당시에는 사진에 찍힌 존재를 전혀 눈치 채지 못했다고 한다.

우주복을 입은 외계인
▲지구 대기에서는 호흡을 할 수 없는 탓인지 외계인은 새하얀 방호복을 입고 있다.

하지만 사진 속 수수께끼의 인물이 지나치게 선명해서 조작된 사진이라고 주장하는 사람들도 적지 않아 한동안 진짜냐 아니냐를 두고 갑론을박이 있었다. 저명한 초현상 연구가인 아이반 샌더슨은 이 사진을 UFO와 괴기 현상을 전혀 믿지 않았던 사람이 찍었다는 점, 영국 공군 소속 사진 분석 담당자가 이미 이 사진에 대한 검증을 마쳤다는 점을 들어 진짜일 가능성이 높다고 말했다.

제4장 경이로운 외계인 사진과 목격 사건

세계 최초의 에일리언 사진?
알프스의 외계인 사진

충격 정도 ★☆☆☆☆ | [장소] 이탈리아 [목격년도] 1952년

해 발 고도 4,000m 이상인 알프스의 세르센 강에 휴가차 놀러온 이탈리아 출신의 교사, 잔 피에트로 몽구치는 세계 최초로 외계인을 촬영하는 데 성공한 인물이다. 1952년 7월 31일, 오전 9시경 사건이 발생했다.

외계인은 광택이 있는 우주복 비슷한 것을 몸에 걸치고 안테나가 붙은 장치를 등에 지고 있었다. 주위를 돌아다니다가 다시

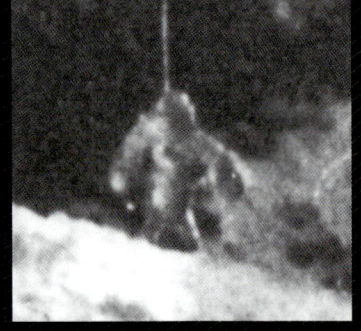

▲등에 긴 안테나가 꽂혀 있는 외계인. 역사상 처음으로 사진에 찍힌 외계인이다.

우주선으로 돌아가니, 이내 그를 태운 UFO가 하늘로 사라졌다고 한다. 사진은 모두 7장인데 타원형 원반 주위를 걷는 외계인의 모습은 다소 멀리서 촬영한 것이다. 이 사진이 이탈리아 지역 잡지에 실리자마자, 조작된 사진이 아니냐는 논란을 불러일으켰다. 배경은 알프스 지방을 그린 엽서를 바탕으로 점토로 만든 디오라마(diorama, 배경 위에 모형을 설치해 장면을 연출한 것)이며 외계인은 인형, 우주선은 종이로 만든 모형이라는 주장이다. 한편 사진 분석 전문가는 사진에서 보이는 빛의 조합은 알프스 빙하에 가야만 얻을 수 있는 것이라며 반론을 제기해, 진실은 미궁 속으로 빠져들었다.

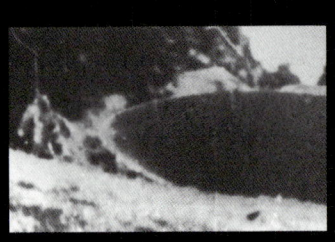

▲우주선이 외계인의 오른쪽에 있다.

FILE NO. 068
UFO & Alien

인간형 에이리언을 찍은 선명한 사진
플레이아데스 외계인

충격 정도 ★★★☆☆   [장소] 스위스   [목격년도] 1953년~

1953년부터 11년 동안 플레이아데스 별에서 온 외계인과 종종 만났다는 인물이 있다. 스위스에 사는 에드와루트 마이어이다. 이 외계인은 여자이며, '아스케트'라는 이름을 지녔다. 에드와루트는 4살 때 UFO를 처음 목격한 뒤로 외계인과 접촉을 지속하면서 선명한 UFO 관련 사진들을 800장 이상 남겼다고 한다. 더욱이 100회 이상 UFO를 탔다고도 말했다.

에드와루트는 다른 접촉자들과는 다르게 적극적으로 외계인의 메시지를 세상에 알리지 않았다. 그 때문에 그가 찍었다는 사진이나 그가 겪은 사건의 진실 여부는 학자들의 손에 달렸다고 해도 과언이 아니다. 또한 아스케트와의 접촉이 끊어진 이후로 에드와루트는 셈야제라는 다른 플레이아데스 별의 외계인과 접촉했으며 그때 우주여행도 했다고 한다. 에드와루트의 사진은 상당히 충격적이지만, 너무 선명한 사진이 많아 조작한 것이라고 믿는 사람들이 대부분이다.

제4장 경이로운 외계인 사진과 목격 사건

인간형 외계인
▶ 아스케트라는 이름의 플레이아데스 별에서 온, 인간과 똑같이 생긴 에일리언. 실제 인물을 찍은 가짜 사진이라는 설도 있다.

호흡 보조 장치를 단 외계인이 찾아왔다!

화성인의 뒷모습

충격 정도 ★★★☆☆ | [장소] 영국 [목격년도] 1954년

영국 스코틀랜드 북부 해안에서 1954년 2월 18일, 산책 중이던 아마추어 천문학자 세드릭 아린검은 하늘에 1대의 원반이 떠 있는 것을 목격했다. 원반은 얼마 안 가 '슉!' 소릴 내며 착륙했고 그가 가까이 다가가자, 직경 15m 정도 되는 우주선 안에서 한 남자가 나왔다.
키가 약 1.8m 정도 되는 머리카락과 피부가 갈색인 인간형 외계인으로 코에는 호흡 보조 장치 같은 관을 끼운 상태였다고 한다.
15분 정도 세드릭과 손짓 발짓하며 화성에 대한 이야길 나누던 그는 원반으로 돌아가더니 하늘 저편으로 날아가 버렸다고 한다.
위 사진은 뜻밖의 만남이 끝난 뒤 돌아가는 외계인의 뒷모습을 세드릭이 찍은 것이다.
화성에는 인간과 닮은 외계인이 살고 있을까?

▲대화를 모두 나눈 뒤 돌아가는 화성인의 뒷모습. 그는 자신이 화성인이라고 소개했고, 상당히 우호적이었다고 한다.

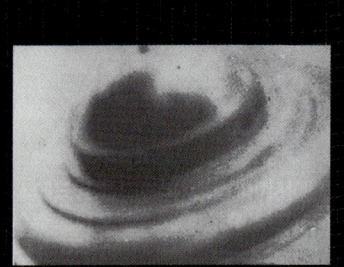

◀이륙하는 화성인의 우주선. 날아오르는 순간 중앙에 있던 원형 돔이 회전했다고 한다.

FILE NO. 070 UFO & Alien

난쟁이 외계인에게 스타킹을 빼앗겼다!

첸니나의 외계인

충격 정도 ★★★★☆ [장소] 이탈리아 [목격년도] 1954년

이탈리아 첸니나에 사는 로자는 1954년 11월 1일 아침, 교회에 가기 위해 집을 나섰다. 신발을 더럽히고 싶지 않았던 그녀는 오른손에는 카네이션 꽃다발을, 왼손에는 구두와 스타킹을 들고 맨발로 걷고 있었다.

상록수 숲을 지나던 그녀는 높이 2m 정도 되는 수상한 방추형 물체를 발견했다. 불룩한 중간 부분에는 둥근 창문과 문이 달려 있었다. 지금껏 본 적 없는 괴상한

▲ 로자가 만난 UFO와 외계인. 둔탁한 광택이 있는 물체의 입구가 열려 있었는데, 안에 좌석이 있었다고 한다.

물체를 수상히 여긴 그녀는 가까이 다가갔다. 그러자 갑자기 2명의 난쟁이가 나타났다. 키는 약 1m 정도. 단추가 달린 잿빛 상하의와 허리까지 오는 망토를 걸치고 머리에는 헬멧을 쓰고 있었다. 난쟁이들은 로자가 들고 있던 꽃다발과 스타킹을 빼앗더니 방추형 물체 안으로 던져 버렸다. 그녀는 공포에 질린 나머지, 전력을 다해 그곳에서 도망쳤다. 그 후 로자의 신고를 받은 경찰이 현장을 다시 찾았지만 아무것도 없었다고 한다. 다만 땅에 커다란 구멍이 패여 있었을 뿐이었다.

제4장 경이로운 외계인 사진과 목격 사건

071 UFO & Alien

아담스키형 UFO를 타고 달나라를 여행하다!

멘저와 금성인

| 충격 정도 ★★★☆☆ | [장소] 달? | [목격년도] 1958년 |

미국 뉴저지 주에 사는 하워드 멘저는 1946년에 집 근처에서 '하늘을 나는 원반'을 목격한 뒤로 외계인들과 종종 만남을 가졌다고 한다. 그는 1958년 금성인에게 달 여행 초대를 받았다.

금성인
▲달 표면에서 찍은 금성인의 실루엣. 그의 뒤로 UFO(우주선)가 보인다.

하워드의 말에 따르면, 사진 속 금성인은 남자로 하워드가 달 여행을 기념하여 찍었다고 한다. 남자의 배경인 희끄무레한 것은 우주선으로, 돔 형태의 지붕, 둥근 창, 스커트 모양의 넓은 바닥 등의 구조를 지녔다는 것으로 보아, '아담스키형 UFO'로 추측할 수 있다. 하워드는 달에 착륙한 증거로 '달 암석'이라고 불리는 기묘한 암석을 가지고 돌아왔다. 이 외에도 수많은 사진을 촬영했으며 심지어 토성인과도 만난 적이 있다고 한다. 하지만 금성과 토성에 생명체가 있는지는 아직 확인된 바가 없다. 또한 대기가 없는 달에서 하워드가 어떻게 숨을 쉰 건지도 의문이다.

FILE No. 072　UFO & Alien

소년의 눈앞에 공 모양의 UFO가 나타났다!
은색의 난쟁이 외계인

충격 정도 ★★☆☆☆　　[장소] 미국　[목격년도] 1967년

미국 노스캐롤라이나 주에 사는 로니 힐(당시 14세)은 1967년 7월 21일 오후, 집의 정원에서 '부웅!' 하는 기괴한 소리를 들었다. 얼마 안 가 가스 냄새 비슷한 것이 진동하더니 직경 3m 정도 되는 공 모양의 UFO가 나타났다고 한다. UFO에서 모습을 드러낸 건 은색으로 빛나는 외계인이었다. 외계인의 키는 1.1~1.2m 정도.

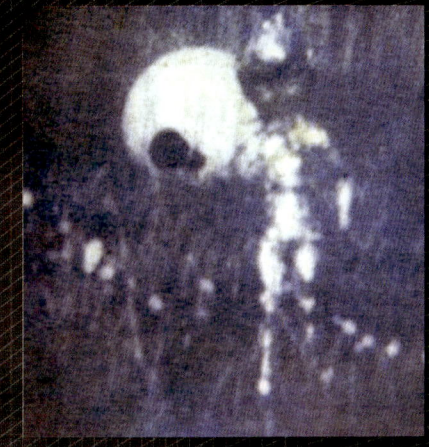

▲로니가 촬영한 외계인. 오른손에 깔때기 비슷한 검은 물체를 들고 있지만, 이것의 용도는 알 수 없다.

은색 슈트를 입은 건지 아니면 원래 피부가 은색인지는 확실하지 않지만, 몸에 비해 머리가 상당히 컸다고 한다. 오른손에는 검은 물체를 들고 있었다. 로니는 당황했지만 허둥대지 않고 집에서 카메라를 들고 나와 외계인을 촬영하는 데 성공했다. 외계인은 비틀거리며 걸었는데, 걷는 방향을 바꿀 땐 다리를 마치 막대기처럼 움직였다고 한다. 외계인이 다시 UFO에 올라타자, 기체의 밑에서 푸른 불꽃이 분사되더니 천천히 떠올랐다. 그리고 토성처럼 생긴 거대한 또 다른 UFO가 나타나 공 모양의 UFO를 빨아들이자 순식간에 눈앞에서 사라졌다고 한다.

제4장　경이로운 외계인 사진과 목격 사건

FILE NO **073**
UFO & Alien

투명한 우주선에 탄 외계인!
레위니옹 섬 사건

| 충격 정도 ★★★★☆ | [장소] 레위니옹 섬 | [목격년도] 1968년 |

인도양에 있는 프랑스령 레위니옹 섬에서 농사를 짓던 31세의 루스 폰테누는 1968년 7월 31일 오전 9시경, 숲속 평지에서 직경 4~5m 정도 되는 달걀 모양의 물체를 목격했다.
물체는 마치 투명한 유리와 같은 재질로 만들어졌으며 아래에는 금속으로 만든 듯한

▲달걀 모양의 UFO와 안에 있는 외계인을 그린 일러스트

받침대가 있었다. 그 때문에 땅에서 약 4~5m는 떠 있는 것처럼 보였다. UFO의 내부에는 키가 약 90cm 정도 되는 외계인 비슷한 이가 2명 있었는데, 그 모습이 마치 프랑스의 타이어 회사 마스코트인 '미쉐린맨'을 꼭 닮았다고 한다. 머리에는 헬멧 같은 것을 쓰고 있었다.
루스는 그중 한 사람과 눈이 맞았는데, 그때 다른 한 사람도 루스를 향해 몸을 돌렸다고 한다. 그 순간 강렬한 플래시가 그를 향해 날아왔고 주위에서 뜨거운 바람이 휘몰아쳤다. 눈 깜짝할 사이에 그들은 물론, 달걀처럼 생겼던 거대한 물체도 사라져 버렸다.
루스는 평소에도 거짓말을 하지 않는 사람이었기에, 그가 본 목격담은 신빙성을 더했다.

FILE NO. 074 UFO & Alien

경찰서장이 만난, 온몸이 회색이었던 외계인
실버 슈트를 입은 외계인

충격 정도 ★☆☆☆☆ [장소] 미국 [목격년도] 1973년

미국 앨라배마 주 포크빌의 경찰서로 "농장에 UFO가 착륙했다!"는 신고가 들어온 건 1973년 10월 17일 오후 10시가 지났을 무렵이었다. 경찰서장인 제프 그린호우가 직접 현장으로 출동했는데,

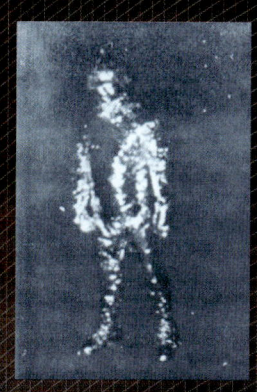

▲▶ 경찰서장이 촬영한 실버 슈트를 입은 외계인

농장 근처 길에서 외계인 비슷한 수수께끼의 인물을 만났다.
서장은 당시 가지고 있던 1회용 카메라로 다급히 그 인물을 촬영했는데, 그때의 사진이 바로 위 사진들이다.
마치 알루미늄 호일로 만든 듯한 실버 슈트를 입었고, 키는 약 1.5~1.8m 정도로 인간과 매우 흡사했다고 한다. 수수께끼의 인물에게 말을 걸었지만 그는 대답하지 않았다. 그래서 경찰차 라이트를 깜박이자 뛰듯이 걸어가더니 사라져 버렸다고 한다.
경찰서장의 증언은 상당히 신빙성이 높아 보인다. 경찰서로 들어온 신고가 사실이라면 UFO에서 내린 외계인일 수도 있지만, 사실 여부는 불확실한 상태다.

제4장 경이로운 외계인 사진과 목격 사건

FILE NO. 075 UFO & Alien

외계인은 로봇이었다?
플랫우즈 몬스터

| 충격 정도 ★★★★☆ | [장소] 미국 [목격년도] 1952년 |

플랫우즈는 웨스트버지니아 주에 있는 인구 300명의 작은 마을이다. 이곳에 1952년 9월 12일 UFO와 함께 괴물이 나타났다고 한다.
그날 밤 저녁, 포트홀에서 놀고 있던 소년들-닐, 로니, 토미 등-은 빛나는 물체가 언덕에 착륙하는 것을 목격했다. 그들은

▲지역 신문에서 인터뷰할 당시, 그들이 그린 괴물의 일러스트를 들고 있는 캐서린 메이(오른쪽)와 유진 레몬

메이 형제의 집으로 가, 자신들이 본 것을 캐서린 메이에게 말했고 당시 17세였던 유진 레몬도 이들 일행과 함께 상황을 살피러 다시 밖으로 나갔다. 이들이 언덕으로 올라갔을 때, 사방이 안개로 자욱했다. 안개 속에 직경 7~8m 정도의 빛을 깜박이면서 기괴한 소리를 내는 물체가 있었다. 유진은 가지고 온 손전등을 물체를 향해 비추었다. 그러자 거대한 떡갈나무 아래 키가 3m나 되는 기괴한 괴생명체가 모습을 드러냈다. 눈은 파랗게 빛났고 얼굴은 붉었으며, 수녀나 신부가 입을 법한 로브를 걸친 채 천천히 걷고 있었다. 머리는 트럼프 카드에 나오는 스페이드 같은 모양이었다.
팔은 굉장히 가늘었으며 손가락은 갈고리처럼 생겼다. 인상적이었던 점은 괴물이 공중에 살짝 뜬 채 움직였다는 것과 '슛!' 하는 소리를 내면 주위에

희끄무레한 가스가 차오르면서 괴상한 냄새가 났다는 점이다. 괴물을 보고 놀란 일행은 그 길로 도망가 보안관에게 신고를 했다. 약 1시간 뒤, 보안관과 부보안관이 현장에 도착했을 때는 이미 괴물도 UFO도 사라지고 없었다.

그러나 사건 이후, 현장에 있었던 목격자들이 코의 통증을 호소했다. 그들을 진찰한 의사는 유독 가스의 일종인 머스터드 가스에 중독된 증상과 비슷하다고 말했다. 허공에 뜬 채 돌아다니던 괴물은 진짜 외계인이었을까?

그 이후 실시된 재조사에서는 외계인이 보낸 로봇 무기였을지도 모른다는 추측까지 나왔다고 한다.

▲안개 속에서 모습을 드러낸 UFO에 탄 것으로 추정되는 외계인. 키가 3m 정도 되었으며 허공에 떠서 움직였다고 한다.

◀2002년에 실시된 조사를 바탕으로 그린 괴물의 일러스트

제4장 경이로운 외계인 사진과 목격 사건

076 안짱다리 외계인에게 납치당했다
칼 힉던 사건

충격 정도 ★★★★☆　　[장소] 미국　[목격년도] 1974년

석유 채굴업자인 칼 힉던은 1974년 10월 25일, 미국 와이오밍 주에 있는 로린즈 메디신 보우 국유림에서 사슴 사냥을 하던 중이었다. 5마리의 사슴 떼를 발견하고 그들을 향해 총구를 겨누었다. 그러자 총에서 발사된 탄환은 갑자기 위로 떠오르더니 15m 앞에서 힘없이 툭, 떨어지고 말았다. 칼은 깜짝 놀라 움직이려 했으나, 어찌된 일인지 몸이 말을 듣지 않았다.

▲사건에 대해 설명하는 힉던 부부

그때 누군가가 그에게 다가왔다. 가까스로 눈동자를 돌리자 숲에서 사람 비슷한 이가 걸어오는 게 보였다. 이에 안심한 칼은 도와달라고 말하려 했으나, 상대의 모습을 확인한 순간 인간이 아님을 단박에 알았다.
키는 약 180cm 정도로 발끝까지 검은색 옷을 휘감고 있었다. 벨트 중앙에는 별 모양의 버클이 달려 있었다. 노란색

▲이상한 힘을 받아 땅으로 떨어져 버린 탄환. 칼의 경험을 뒷받침하는 유일한 증거이다.

피부에 작은 눈, 턱은 없었고 거대한 이가 앞으로 툭 튀어 나왔다. 또한 머리카락은 전부 솟구쳐 있었고, 머리에서 안테나 비슷한 돌기가 툭 튀어나왔다. 손끝도 손가락이 없이 뾰족했는데, 안짱다리로 걷는 것이 특징이었다. 이 생물은 칼에게 텔레파시로 말을 건넸다. 자신을 '아웃소'라고 소개한 그는 칼을 우주선 안에 있는 '정육면체의 방'으로 안내했다. 칼을 의자에 앉힌 아웃소는 6개의 코드가 달린 헬멧을 그에게 씌웠다. 아웃소가 레버를 올리자, 정육면체의 방이 위로 솟구쳤는데 어느 틈엔가 다시 지상으로 착지했다. 칼이 밖을 보니 높이가 약 30m 정도 되는 탑이 있었으며, 사람 비슷한 생명체도 있었다. 아웃소는 이곳이 지구에서 16만3천 광년 떨어진 혹성이라고 했다. 칼은 탑으로 끌려가 3~4분 정도 검사를 받은 뒤, "당신은 우리가 원하는 인간이 아니다."는 말과 함께 다시 지구로 돌려보내졌다고 했다. 그 뒤로 칼은 정신을 잃었다. 그리고 그날 밤 1시 30분경, 그는 국유림을 순찰하던 수색대에 의해 발견되었다.

▲아웃소라는 이름을 지닌 외계인. 인간과 똑같이 생겼다.

제4장 경이로운 외계인 사진과 목격 사건

077

외계인에게 머리카락을 뽑혔다!

달걀귀신 외계인

충격 정도 ★★★★☆   [장소] 아르헨티나   [목격년도] 1975년

아르헨티나의 바이아브랑카에서 1975년 1월 4일 오전, 카를로스 알베르토 데어스라는 남성이 UFO로 잡혀간 사건이 발생했다. 눈앞에서 플래시가 번쩍이더니 온몸이 순식간에 마비되었고, 강력한 힘이 그를 위로 끌어올렸다고 한다. 3m 정도

▲카를로스가 겪은 일을 그린 일러스트

올라갔을 때 기절한 카를로스는 반투명한 공 안에서 다시 정신을 차렸다. 잠시 후, 인간과 흡사한 모습을 한 세 사람이 안으로 들어왔다. 녹색의 긴 얼굴에는 눈, 코, 입, 게다가 귀와 머리카락도 없었다. 팔은 고무처럼 잘 휘어졌지만 손가락은 없었다. 그들은 그 기괴한 팔로 카를로스의 머리카락과 가슴 털을 뜯기 시작했다. 팔의 끝부분에 달린 빨판 비슷한 것으로 털을 뜯어내는 듯했다.
그들에게 털을 뜯기는 동안 정신을 다시 잃은 카를로스는 이번에는 초원에서 눈을 떴다. 그때 마침 지나가던 차에 발견된 덕에 병원으로 옮겨져 검사를 받을 수 있었다. 그곳에서 몸의 털 대부분이 빠지고 없다는 사실을 알게 되었다. 더욱 이상한 일은 그가 발견된 초원이 그의 집에서 785km나 떨어진 곳이었다는 점이다.

FILE NO. 078 UFO & Alien

은색 우주선에 탄 난쟁이에게 기억을 삭제당했다!

일클리의 녹색 외계인

충격 정도 ★★★☆☆   [장소] 영국   [목격년도] 1987년

사진은 1987년 12월 1일 오전 7시경, 영국의 일클리 언덕에서 촬영한 것이다. 촬영자는 미국인이었다고 하는데, 신분이 명확히 밝혀지지 않아 여기에서는 A라고 하겠다. 그날 A는 집을 나와 친척 집으로 가던 길이었다. 가는 길에 풍경 사진이라도 찍을 생각에

▲ 일클리에 나타난 녹색 외계인. 손이 기이할 정도로 길다는 것을 알 수 있다.

카메라도 들고 나갔다. A가 일클리 언덕 꼭대기에 거의 다다랐을 무렵, 3m 앞에서 녹색의 작은 생물이 꼼지락대는 것이 보였다. 저게 뭔가 싶었던 A는 무의식적으로 셔터를 눌렀다. 그러자 생물이 오른손을 움직여 사라지라는 동작을 취했다. 그 순간, 녹색 생물은 눈앞에서 갑자기 모습을 감추더니 은색 우주선에 잽싸게 올라타고서는 구름 속으로 사라져 버렸다고 한다. 당황한 A는 서둘러 마을로 내려왔다. 그때 시각은 오전 10시가 지난 시점. 즉 2시간 동안의 기억이 '사라져!'라는 말과 함께 정말 사라져 버린 것이다. 훗날 A는 사라진 2시간 동안 자신이 우주선으로 끌려갔었다는 것을 떠올렸다고 한다. 그곳에는 키가 1.3m 정도 되는 녹색 외계인이 4~5명 정도 더 있었다.

제4장 경이로운 외계인 사진과 목격 사건

079 인간과 텔레파시로 대화하다!
외계인 라마

충격 정도 ★★★☆☆ [장소] **브라질** [목격연도] **1982년**

브라질 상파울루에 사는 호안 발레리오 다 실바는 1982년 11월 29일, 자신의 집 뒤뜰에서 UFO에 납치돼 외계의 어느 혹성으로 끌려갔었다고 주장했다. 위의 사진은 그때 마침 사진기를 가지고 있어 찍은 UFO와 외계인의 모습이다. 외계인이 산다는 혹성에서 촬영한 것으로, 외계인의 상체가 아우라 같은 것으로 감싸인 것을 알 수 있다.

▲호안이 만난 '라마'라는 이름의 외계인. 역광을 받아 실루엣만 알아볼 수 있다.

호안은 외계인의 피부가 하얀 편이었고 얼굴 생김새는 인간과 거의 흡사하다고 했다. 하지만 대화는 텔레파시로 했는데 외계인의 이름은 '라마'였다고 한다.

호안은 1984년까지 5번이나 외계인과 접촉했으며, 지구의 미래를 경고하는 메시지를 듣거나 이상한 힘을 가진 돌을 선물로 받았다고 한다.

FILE NO. 080
UFO & Alien

러시아 소년들이 목격했다!
보로네시의 외계인

충격 정도 ★★★★☆   [장소] 러시아 [목격년도] 1989년

① 1989년 9월 27일, 소련(현재의 러시아)에서 UFO를 집단 목격한 사건이 발생했다. 오후 6시 30분경 보로네시 시에 있는 공원에서 공놀이를 하던 소년들이 하늘에 뜬 빛나는 물체를 발견했다. 직경 10m 정도 되는, 붉은빛을 사방에 뿌리던 공 모양의 UFO는 하늘을 선회하더니 사라졌다. 그러나 몇 분 뒤, 이번에는 수많은 시민들이 지켜보는 가운데 UFO가 다시 모습을 드러냈다. UFO는 다리를 내리고 천천히 착륙하기 시작했다.

▲ 보로네시 공원에 나타난 로봇 형 외계인과 UFO의 일러스트

UFO의 밑바닥에 있는 해치가 열리고 기괴한 모습을 한 외계인이 내렸다. 키는 3m 정도. 머리는 크고 옆으로 넓었으며 하얗게 빛나는 눈이 3개나 있었다. 마치 로봇 같은 생김새였다.

이때 외계인이 한 소년에게 총을 겨누었다가 발사했는데, 그 순간 소년의 모습이 사라져 버렸다. 이윽고 외계인과 UFO도 모습을 감추었고, 조금 전 사라졌던 소년은 다시 나타났다.

사건을 목격한 소년들이 그린 UFO 기체에는 한자로 '王'과 비슷한 기묘한 기호가 새겨져 있었다고 한다.

제4장 경이로운 외계인 사진과 목격 사건

FILE NO. 081 UFO & Alien

안개가 끼더니 외계인이 나타났다!
유령 외계인

충격 정도 ★★★★★   [장소] 네덜란드   [목격년도] 2004년

아무것도 없는 곳에서 스르르 나타나는 외계인이 있다고 한다. 몸이 투명한데다 나타나는 모습이 유령과 비슷하여 '유령 외계인'이나 '엔티티(Entity, 유체) 외계인' 등으로 불린다.

▲ 로버트가 촬영한 유령 외계인

네덜란드에 사는 로버트 반 덴 브루크는 2004년 5월 6일 오전, 거실에서 디지털카메라를 만지작거리고 있었다. 무엇인가가 나타날 것 같은 이상한 느낌이 들어서였다. 그러자 방울벌레 울음 비슷한 소리가 들리더니 새하얀 안개가 방 안 가득히 끼기 시작했다. 로버트는 도망갈 생각도 없이 멍하니 안개를 바라보았다.
한 곳으로 모이던 안개는 어느새 인간의 모습으로 바뀌었다. 머리가 크고 목은 가늘고 길었다. 큼지막한 검은 눈은 위로 올라가 '그레이 에일리언'이라는 외계인을 연상시켰다.
로버트는 이상하게도 외계인이 무섭지 않았다고 한다. 하지만 그 실체에 대해서는 여전히 알 길이 없다.

FILE NO. 082 UFO & Alien

경찰이 우연히 촬영했다!
대만의 반투명 외계인

충격 정도 ★★★★★　[장소] 대만　[목격년도] 2011년

대만 산간 도로에서 촬영한 사진에 '반투명 생물'로 보이는 것이 촬영된 건 2011년 5월 14일이었다. 장소는 대만 동남부 챠밍 호의 하이킹 코스인 해발 고도 331m 지점으로, 촬영자는 지역 경찰관이었다. 반투명 생물은

▲대만의 한 경찰이 촬영한 반투명 외계인

▶화상을 확대하면 왼쪽으로 몸을 튼 채 걷고 있는 생물체를 볼 수 있다.

경찰관이 스마트폰으로 주변 광경을 찍다가 우연히 함께 찍힌 것이라고 한다. 추정 키는 2.5m 이상. 굉장히 거대한 생물인 것처럼 보이지만 정말 외계인인지 아닌지 판단할 수 있는 근거는 없다. 하지만 조작된 사진이 아니라면 지구에 존재하는 생물이 아니라는 것만은 확실하다.
이러한 반투명 외계인은 공간을 뚫고 갑자기 나타나는 경향이 있기에 '유령 외계인'과 같은 종류일지도 모른다.

제4장 경이로운 외계인 사진과 목격 사건

FILE NO. 083 UFO & Alien

몸을 줄였다 늘였다 할 수 있는 생명체가 하늘에서 추락했다!

셰이프 시프터

충격 정도 ★★★★☆   [장소] 멕시코   [목격년도] 2008년

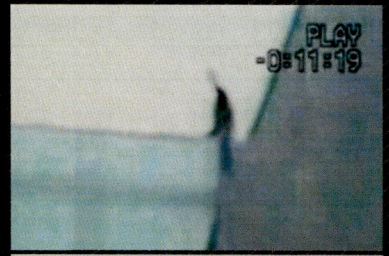

▲ 빌딩 위에 있는 두 명의 외계인. 몸은 길고 가늘었는데 스스로 늘이고 줄이는 것이 가능했다고 한다.

영상을 촬영한 날은 2008년 1월, 장소는 멕시코의 과달라하라였다. 오전 12시경, 두 명의 학생은 하늘에서 이상한 사람 그림자 같은 것이 움직이는 것을 보았다. 자세히 살펴보니, 파라슈트도 없이 하늘에서 떨어지는 중이었다. 그것은 천천히 고층 빌딩 옥상에 착지했다.

학생 중 하나가 때마침 비디오카메라를 가지고 있어, 그것을 촬영하는 데 성공했다. 어떻게 아무런 장치도 없이 안정적으로 착지에 성공했는지는 알 수 없으나, 더 이상한 건 그의 모습이었다. 키는 2m 이상 되어 보였고 목이 굉장히 길었다. 머리는 찌그러져 있는 것처럼 보였다.

인간의 모습과 비슷하지만 인간과는 확실히 달랐던 이 생물은 외계인으로 추측되며 제 모습을 늘이고 줄이는 것이 가능해 '셰이프 시프터(Shape shifter)'라 불리게 되었다. 길고 가는 몸이 유령처럼 보이는 것은 빛의 장난 때문일까?

21세기에 접어들면서 멕시코에서는 하늘을 나는 외계인을 목격했다는 이야기가 심심치 않게 들려오고 있다.

소형 생물의 정체는 외계인?
페드로 산의 외계인 미라

충격 정도 ★★★★★　　[장소] **미국**　[목격년도] **1932년**

▲ 페드로 산에서 발견된 소형 미라의 사진

눈과 코가 크고 얼굴에 비해 큰 입을 가진 중년의 인간과 비슷한 얼굴을 지닌 이상한 미라가 있다. 키는 약 35cm. 1932년 미국 와이오밍 주에 있는 페드로 산맥 계곡에서 금을 채굴하던 사람이 발견했다. 미라가 잘 매장되어 있던데다 매장지를 고려할 때 미국 선주민의 조상이라 추측되지만, 키가 너무 작았다.

발견 후, 뉴욕으로 옮겨져 미국 자연사 박물관에서 X선 촬영을 받았다. 그 결과 가짜가 아닌 진짜 생명체라는 것이 밝혀졌다. 더욱이 하버드 대학 인류학부가 한 조사로 미라의 나이가 약 65세 정도라는 것도 알아냈다.

하지만 일련의 조사로도 어떻게 이렇게 작은 인간이 있을 수 있는지는 밝혀내지 못했다. 그 때문에 지구를 찾아온 외계인이었을지도 모른다고 추측하는 UFO 연구가들도 있다. 유감스러운 건, 미라가 원 소유자의 사망과 함께 어딘가로 사라져 버려 더는 알아낼 방법이 없다는 점이다.

제4장　경이로운 외계인 사진과 목격 사건

FILE 085
UFO & Alien

파충류 형 외계인이 지구를 지배한다?
렙토이드

충격 정도 ★★★☆☆☆   [장소] 세계 각지   [목격년도] -

지구에는 오랜전부터 인간의 가죽을 뒤집어쓰고 인간인 척 행세하며 살고 있는 파충류형 외계인=렙토이드가 존재한다고 한다. 그들의 실태가 정확히 파악된 건 아니지만 녹색 피부에 비늘을 가진 기괴한 반인반어의 모습이라 추측하고 있다.
1999년 5월, 미국 테네시 주에 사는 퇴역 해군 사령관이 촬영한 렙토이드는 온몸이 아우라 비슷한 오렌지색의 빛으로 감싸여 있었다. 또한 최근 미국 정부 고위 관료를 호위하는 사람 중에 렙토이드라 추측되는 이의 모습도 사진으로 찍혔다.
렙토이드는 대통령 등 국가의 고위 관료 중에 다수 존재하며 세계를 지배하기 시작했다는 소문도 퍼지고 있다. 그들은 용자리의 알파별에서 왔으며 지구로 와 문명을 인간에게 전수했다. 그리고 지하도시를 지은 뒤 숨어 살면서 인간의 세상을 서서히 침략하는 중이다.

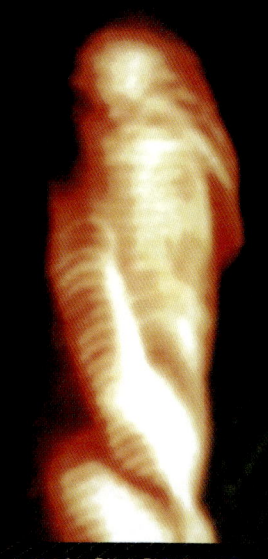
▲1999년 9월에 촬영한 빛을 내는 렙토이드

◀미국 정부 관료를 호위하는 렙토이드로 추측되는 남자. 사진의 정확한 출처와 경위는 불명확하다.

FILE NO. 086 UFO & Alien

민가에 그레이 에일리언이 나타났다?

옥상 위의 외계인

충격 정도 ★☆☆☆☆ [장소] 멕시코 [목격년도] 2007년

▲ 카메라에 찍힌 외계인. 그 정체는 무엇일까?

멕시코 몬테레 근교에 있는 산타카타리나라는 마을에 2007년 3월, 외계인을 목격한 사건이 발생했다. 목격자는 15세 소녀인 리사였다. 그날 부모님은 집을 비웠고 리사만 남아 숙제를 하고 있었다. 그때 2층 옥상에서 무엇인가가 걷는 듯한 소리가 들려 왔다.

리사는 평소에 부모님이 교제를 반대하여 그녀를 몰래 만나러 오던 남자친구가 소리의 범인이라고 생각했다. 그를 깜짝 놀라게 해야겠다는 생각에 리사는 카메라를 들고 남자친구가 나타나기만을 기다렸다. 그리고 발소리의 주인공이 마침내 얼굴을 드러냈다……. 위의 사진이 그때 찍은 것이다. 리사는 셔터를 누르자마자 공포에 질려 곧바로 1층으로 도망쳤다고 한다. 그래서 그 뒤로 외계인이 어떻게 되었는지는 알 길이 없다. 잠시 후, 다시 밖을 살펴봤지만 외계인의 모습은 보이지 않았다고 한다.

이 사진의 진위 여부는 독자 여러분의 판단에 맡긴다. 다만 진짜라면 옥상 위에서 도대체 무엇을 하고 있었는지 궁금할 뿐이다.

외계인은 미지 동물?

거대한 몸집의 반인반수 빅풋과 흡혈 괴물 추파카브라 같은 UMA(미지 동물)는 지구에 사는 생물들과 굉장히 다른 모습을 하고 있다. 게다가 미지 동물이 나타난 곳에서 UFO를 봤다는 목격담이 많아, 이들 UMA가 외계인이 지구로 데려온 그들의 애완동물이 아닐까 추측하는 이들도 있다. 이렇게 외계 생명체로 추측하는 UMA를 '에일리언 애니멀'이라고 한다. 아래에서 주요 '에일리언 애니멀'을 소개한다.

추파카브라
푸에르토리코를 시작으로 주로 남미에서 출몰한다. 산양이나 말 같은 가축을 습격하여 피를 빨아먹는다. 날카로운 송곳니와 얇고 긴 혀가 특징이다.

모스맨
미국 동부 지역에서 나타난 괴물. 머리는 없으며, 날개가 달린 몸 바로 윗부분에 붉은 눈동자만이 번뜩인다고 한다. UFO와 함께 나타나 그 지역 주민들을 공포로 몰아넣었다.

빅풋
북미의 산간 지대에서 주로 목격되었다. 얼굴 외의 온몸이 털로 뒤덮여 있으며, UFO와 함께 발견된 적도 있다.

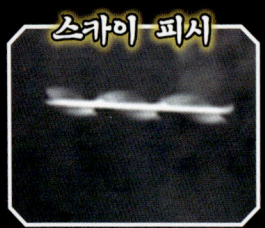
스카이 피시
미국과 멕시코에서 주로 출몰한다. 초속 80~150km의 빠른 속도로 날기 때문에 육안으로는 볼 수 없다.

도바 데몬
미국 보스턴 근교의 조용한 주택가에서 나타난 괴물. 거대한 머리에는 눈밖에 없었다고 한다.

개구리 남자
미국에서 발견된 키 1m 남짓 되는 괴물. 개구리와 똑같이 생긴 얼굴과 미끌미끌한 피부, 물갈퀴가 있는 손발이 특징이다.

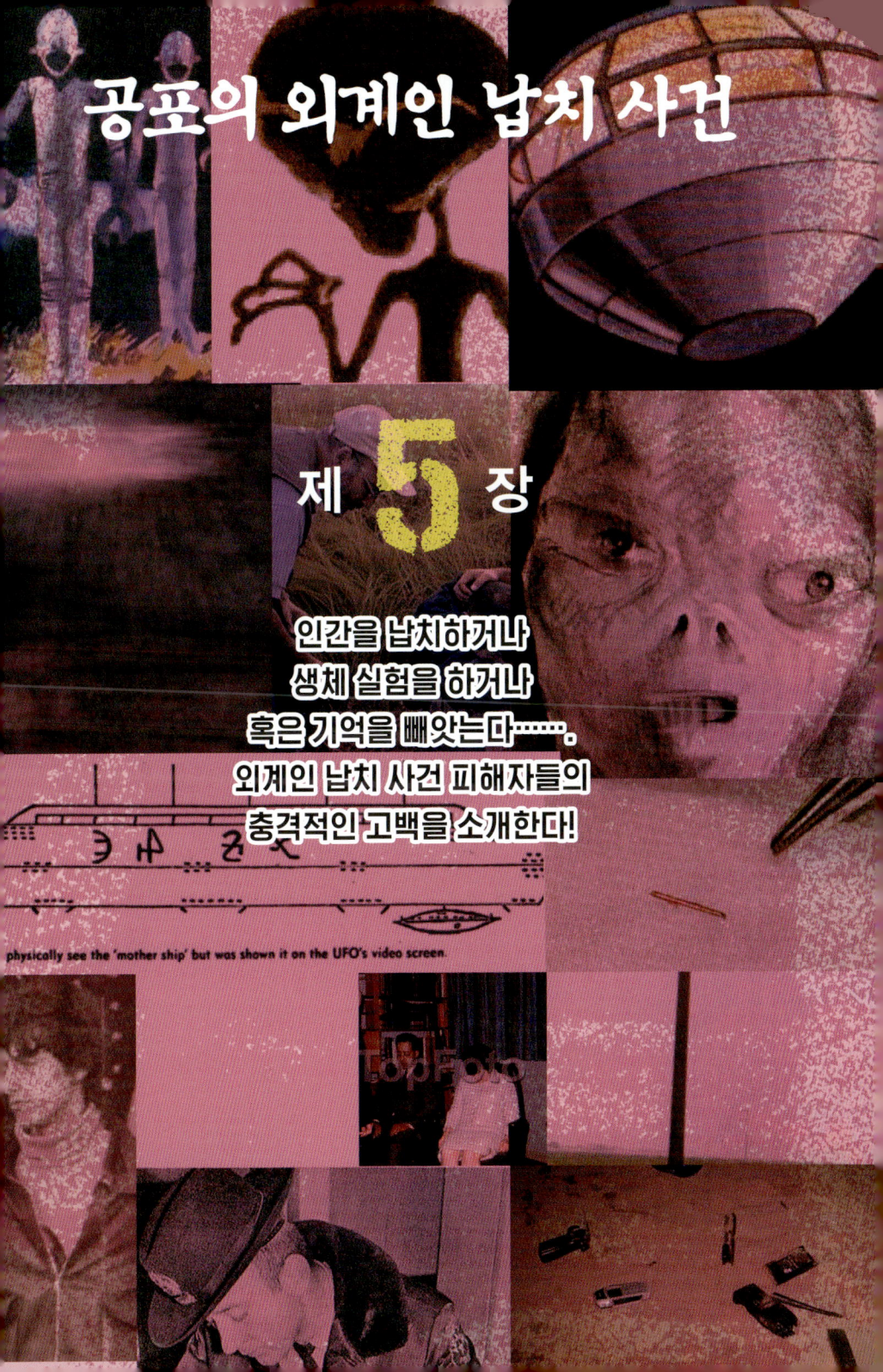

패스커굴라 사건

주름투성이의 외계인에게 신체검사를 당했다!

| 충격 정도 ★★★★☆ | [장소] 미국 [목격년도] 1973년 |

2명의 남자가 미국 미시시피 주의 패스커굴라에서 외계인에게 납치된 사건이 발생한 날은 1973년 10월 11일이었다. 조선소에서 근무하던 찰스 힉슨과 캘빈 파커는 마을 어귀의 강에서 밤낚시를 하고 있었다.

밤 9시경, 찰스는 '훅!' 하는 금속음을 들었다. 하늘을 바라보니 청백색의

▲외계인에게 납치됐다고 말하는 찰스(왼쪽)와 캘빈

타원형 UFO가 그들을 향해 날아오고 있었다. UFO는 금세 그들이 있는 곳에서 가까운 언덕에 착륙했다.

비행 물체의 높이는 약 2.4m, 폭은 약 3m였다. 분명히 문 같은 건 보이지 않았는데, 어느 틈엔가 세 명의 외계인이 나타났다고 한다. 외계인은 키가 약 1.5m 정도 되었으며, 피부는 청백색에 주름이 온몸에 가득했고, 손끝은 게의 집게처럼 2개로 갈라져 있었다. 귀는 뾰족하고 눈은 가늘게 찢어졌으며, 작은 코 아래에는 입 같은 커다란 구멍이 하나 뚫려 있었다.

무시무시한 외모에 찰스는 온몸이 공포로 굳어 가는 것을 느꼈다. 캘빈은 이미 기절한 뒤였다.

외계인들은 두 사람을 우주선으로 데리고 갔다. 우주선 안에서는 몸이 허공에 자연스레 떴는데, 찰스는 몸을 움직일 수 없었다. 그때 지름이

약 25cm 정도 되는 거대한 구슬 같은 것이 나타나, 찰스와 기절한 캘빈의 몸을 약 20분 동안 샅샅이 검사했다. 찰스가 다시 정신을 차렸을 때 두 사람은 낚시를 하던 곳으로 되돌아와 있었다. UFO에 탄 외계인들은 인간과 의사소통을 하는 것이 목적이 아니라

▲패스커굴라에 나타난 로봇형의 외계인. 코끼리처럼 주름이 가득한 피부를 지녔다고 한다.

하나의 생물로서 인간에게 관심을 가진 것 같았다.
두 사람은 정신을 차리자마자 지역 보안관에게 알렸다. 이 사건은 신문에도 실렸으며, 진실인지 아닌지에 대한 화제까지 불러일으켰다. 천문학자인 앨런 하이네크 박사와 캘리포니아 대학 공학부의 제임스 헤더 박사가 사건 조사에 참여했는데, 거짓말 탐지기 등을 이용하여 찰스와 캘빈의 체험을 철저히 검증했다고 한다.
조사의 결과는 다음과 같았다.
"정확히 사건의 진상을 파악하지 못했다. 하지만 두 사람은 어떤 것이 유발시킨 두려운 체험을 했다는 것만은 사실이다."
이 외계인에 대해 민간 UFO 연구 단체인 APRO(공중 현상 조사 기구)는 인간의 신체를 조사하기 위해 외계인이 보낸 로봇이라는 결론을 내렸다.

FILE NO. 088
UFO & Alien

프랑스에서 발생한 의문의 UFO 납치 사건!
세르지 퐁투아즈 사건

충격 정도 ★☆☆☆☆   [장소] **프랑스**   [목격년도] **1979년**

프랑스 파리 교외에 있는 세르지 퐁투아즈의 한 아파트 앞에서 세 사람의 청년들—잔 피에르 플레보, 프랑크 폰테누, 살로몬 누디에—이 막 차에 올라타고 있었다. 1979년 11월 26일 오전 3시쯤이었다. 밖은 아직도 어두컴컴했다.

▲세 사람의 증언을 바탕으로 그린 발광체

그때 프랑크는 하늘에서 번쩍거리는 물체를 발견했다. 그것은 빠른 속도로 점점 커졌다. 살로몬과 잔은 카메라를 가지러 아파트로 돌아갔고, 프랑크는 혼자 차에 남았다. 방으로 들어온 두 사람은 밖에서 들리는 이상한 소리에 창문 밖을 내다보았다. 그러자 거대한 빛이 차를 감싸고 있는 것이 보였다. 두 사람은 다급히 밖으로 나갔지만 빛은 이미 사라진 뒤였다. 하지만 차에 있어야 할 프랑크가 보이질 않았다.

그는 그 순간부터 행방이 묘연해졌다. 프랑크를 찾는 데는 군과 민간 경찰이 대거 투입되었고, UFO 납치 사건은 전 세계로 보도되었다.

며칠 동안 수많은 인력을 투입해서 수색했지만 프랑크를 찾는 데는 실패했다.

▲아파트 주위에서 프랑크를 찾는 경찰들

그런데 사건이 발생한 지 일주일이 지난 12월 3일의 이른 아침, 프랑크가 돌아왔다. 그는 그동안 있었던 일을 기억하지 못했지만, 이상한 꿈을 꾼 것 같다고는 말했다. 하지만 기억을 완전히 잃은 건 아니었다. 시간이 지나자 프랑크는 조금씩 기억을 떠올리기 시작했다.

▲실종된 지 일주일 만에 모습을 나타낸 프랑크

"저는 기계로 가득한 방에서 침대에 누워 있었습니다. 방은 불투명한 유리로 되어 있었고 때때로 천장에 이상한 문자가 나타났다가 사라졌습니다. 공처럼 생긴 외계인 둘이 지구가 안고 있는 문제점과 그 해결책을 제게 말해 주었습니다. 또한 제가 겪은 것을 다른 사람에게 말하는 건 마음대로 하라고도 했습니다."

하지만 프랑크는 더는 말하지 않았고, 최면 치료를 받는 것은 거부했다.

한편, 사건의 목격자이기도 한 잔은 최면 치료를 받겠다고 자원했다. 그러자 프랑크를 납치한 '오리오'라는 외계인이 잔의 입을 빌려 말하기 시작했다. 외계인들은 지구를 구하기 위해 우주 아득히 먼 곳에서 온 지적 생명체인 것으로 추측된다.

만약 세 청년들의 말처럼 발광체가 나타났던 것이 사실이라고 해도, 프랑크와 잔의 증언에 의문을 품는 UFO 연구자들도 많다. 하지만 증언이 거짓이라는 증거 또한 찾지 못했다.

FILE NO. 089
UFO & Alien

현직 경찰이 겪은 외계인 납치 사건!
하버드 셔머 사건

충격 정도 ★★★☆☆   [장소] 미국   [목격년도] 1967년

경찰관인 하버드 셔머가 외계인과 만난 것은 1967년 12월 3일, 오전 2시 반쯤이었다. 그는 미국 네브라스카 주의 한 고속도로를 순찰하던 중 붉은빛이 착륙하는 것을 발견했다. 하버드가 차를 몰고 가까이 다가가자, 물체는 불꽃을 분사하면서 하늘 위로 솟구쳤다.

▲자신이 겪은 사건을 말하는 하버드 셔머

그 뒤 하버드는 경찰서로 돌아왔지만, 시계를 보니 오전 3시였다. UFO를 발견한 곳에서 경찰서까지 오는 데는 10분밖에 걸리지 않는다.

그는 고개를 갸웃거렸다.

"20분 동안, 난 뭘 한 거지?"

아침에 퇴근한 하버드는 갑자기 심한 두통이 일어 잠을 전혀 자지 못했다. 이명이 머릿속에서 계속 울려 퍼졌다. 게다가 귀 뒤가 찌릿하니 아팠다. 거울을 보니 그 부분이 5cm 정도 붉게 부어 있었다. 물론 이 상처가 언제 생겼는지 그는 알지 못했……. 이 기묘한 사건은 금세 화제가 되었고 그는 '공백의 20분'을 밝히기 위해, 콜로라도 주의 심리학자인 레오 스프링클 박사에게 최면 치료를 받았다. 최면 상태에 빠진 하버드는 다음과 같이 말했다.

"제 차가 UFO와 가까워지자, 엔진이 멈췄고 라이트도 꺼졌습니다. 동료 경찰을 부르려고 했지만 무전기도 먹통이었어요. UFO의 크기는

직경이 한 30m 정도 되어 보였습니다. 얼마 안
있어 UFO에서 네 명이 나오더군요. 키는 1.5m쯤
되었고, 피부는 회색에 눈 꼬리는 치켜 올라갔고
코는 납작했습니다. 안테나 같은 게 달린 헬멧을
쓰고 있었고 몸에 딱 붙는 은색 슈트를 입고
있었어요. 귀 뒤의 상처는 그들 중 하나에게
목덜미를 붙잡혔을 때 생긴 거예요."
하버드는 그때 외계인이 쏜 광선을 맞고
기절했다고 한다. 다시 눈을 떴을 때는 우주선
안이었다.
스크린이 나타나더니 영상이 나오기 시작했다.
외계인은 그 영상에 대해 설명했다고 한다. 마치 외계인이 쓴 헬멧의
안테나를 통해 대화하는 기분이 들었다고도 했다.
"우리는 발전소나 저수지를 찾고 있다. 이 우주선은 자기력을 이용해
날기 때문에 전기가 필요하다. 우리가 탄 우주선은 4인용 관측
비행선이며, 우리의 모선은 원통 모양으로 생겼는데 굉장히 높은 곳에
있다. 우리의 고향별은 지구와 가까운 은하에 있으며, 우리는 이미
지구 바다 밑에 해저 기지를 건설해 놓았다……."
그 뒤로 하버드는 우주선에서 다시 풀려났고, 현직 경찰관이 겪은
사건이라는 점 때문에 이것이 사실이라는 신빙성을 더했다.

▲하버드가 우주선 안에서 본 외계인

제5장 공포의 외계인 납치 사건

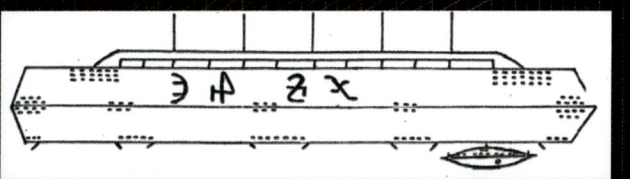

◀하버드가 우주선 안에서 스크린으로 본 거대한 모선을 그린 것. 오른쪽 아래에 있는 것이 관측선이다.

의혹의 외계인 삽입물
브렌다 리 사건

충격 정도 ★★★★☆ [장소] 미국 [목격년도] 2005년

브렌다 리는 미국 캘리포니아 주 산타모니카에 사는 캐리어 우먼이다. 그녀가 몸에 이상이 있다고 느낀 것은 2005년 12월경이었다. 감정의 기복이 심해져 사소한 일에도 상사나 동료와 충돌을 빚었다. 또한 누가 자길 감시하고 있는 것 같은 피해망상에도 시달렸다.

하지만 그녀가 가장 견딜 수 없었던 것은 때때로 찾아오는 악몽이었다. 악몽의 내용은 언제나 같았다. 그녀의 침실에 피부가 회색인 작은 생물이 몰래 침입한다. 도망가고 싶어도 가위에 눌린 것처럼 꼼짝할 수 없다. 그러다 그녀의 의식은 점점 흐려진다.

그러던 어느 날 악몽이 현실이 되었다. 브렌다의 침실에 사마귀와 비슷하게 생긴 생물이 침입해 그녀를 정원으로 끌고 나간 것이다. 하늘에는 빛을 내는 원반이 떠 있었다. 원반이 발사한 푸른빛에 휘감긴 그녀는 마치 빨려 들어가듯이 원반 속으로 들어갔다. 그녀는 침대에

▲브렌다 리에게 나타났던 외계인

강제로 눕혀졌고, 강렬한 빛이 얼굴 위로 흩뿌려졌다. 그 순간, 브렌다는 정신을 잃었다. 다시 눈을 떴을 때 그녀는 자신의 방 침실 위에 누워 있었다. 밖은 아침이었다.

몸은 나른했고 오른쪽 뺨이 영 이상했다. 그리고 그날 예약한 치과에 갔던 브렌다는 깜짝 놀랄 만한 이야기를 들었다.

엑스선 검사로 그녀의 오른쪽 뺨에 이상한 물질이

있음을 알게 된 것이다.

그녀를 의아하게 생각한 의사에게 브렌다는 지난밤에 겪었던 일을 모두 말했다. 그러자 의사는 외과 의사인 로저 리어 박사를 찾아가라고 추천했다. 로저 박사는 외계인이 인간의 몸에 삽입한 이물질을 빼내는 시술을 몇 번이나 했던 유명한 인물이었다. 이러한 이물질을 '외계인 삽입물'이라고 부른다.

로저 박사를 찾아간 브렌다는 제일 먼저 CT를 찍었다. 그러자 정체불명의 금속 물질이 오른쪽 뺨 피부에 삽입되어 있음이 확인되었다. 전자파 측정기로 검사하니, 이물질은 자기를 띠고 있었으며 전파까지 방출하고 있었다.

그 뒤 브렌다는 이물질 적출 수술을 받았고 그 결과 길이 6mm, 두께 1mm 정도 되는 구리와 비슷한 막대기 모양의 물질을 빼낼 수 있었다. 이상한 건 밖으로 나온 물질에서 전자기가 완전히 사라졌다는 점이다. 외계인이 인간의 몸에 삽입한 물질은 몸 밖으로 나오면 본래의 기능이 자동으로 멈추는 걸까? 외계인은 그녀의 몸에 삽입한 통신 장치를 통해 인류와 관련된 어떤 정보를 얻으려고 했던 것인지도 모른다.

제5장 공포의 외계인 납치 사건

물론 이 모든 것은 가정에 지나지 않는다.

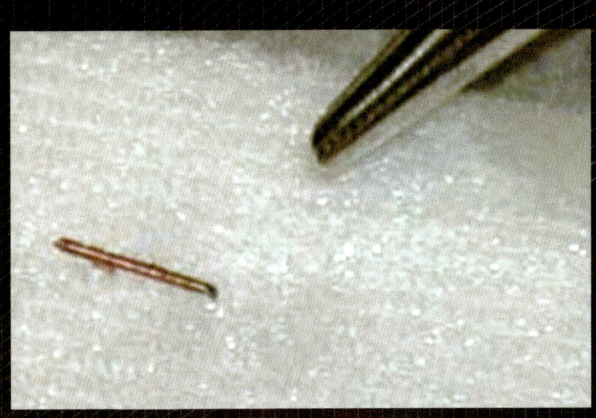

◀로저 리어 박사가 브렌다의 오른쪽 뺨에서 빼낸 수수께끼의 물질

UFO가 초래한 재난인가?
세르지오 푸체타 사건

충격 정도 ★★★★★　　[장소] 아르헨티나　[목격년도] 2006년

아르헨티나 제너럴 피코에 있는 엘 디아리오 경찰서에서 근무하던 세르지오 푸체타 순경은 2006년 3월 2일 밤 9시 20분경, 바이크를 타고 목장을 순찰하고 있었다. 주위에서 이상한 낌새를 느낀 세르지오는 무전기로 동료에게 지원을 요청했다.

▲ 사건 현장에 흩어져 있던 휴대폰 등의 세르지오의 유류품

15분 뒤, 무전을 받은 동료는 세르지오가 있다고 한 목장에 도착했지만 바이크와 헬멧, 휴대폰과 권총만 남아 있을 뿐, 그의 모습은 온데간데없었다.

세르지오에게 무슨 일이 생겼다고 판단한 동료는 관할 경찰서에 급히 사건 보고를 했다. 경찰서에서는 바로 수색대를 파견해 현장 검문에 들어갔다. 다음날 오전 4시 30분, 목장에서 약 20km 떨어진 곳에서 멍하니 서 있던 세르지오를 발견했다. 세르지오는 병원으로 이송되어 검진을 받았는데 특별히 다친 곳은 없었다. 그러나 그는 실종된 시간 동안 무엇을 했는지, 어떤 일이 있었는지는 전혀 기억하지 못했다. 얼마 뒤 기억의 일부가 돌아왔을 때 세르지오는 자신이 놀라운

▲ 현장 검증에서 사건을 재현하는 세르지오 푸체타

경험을 했음을 알았다.
3월 2일, 순찰에 나선 세르지오는 앞에서 붉은빛이 번득이는 것을 보았다. 빛은 금세 사라졌지만, 이번에는 세르지오의 바이크가 고장이 났는지 말을 듣지 않았다. 바이크에서 내려 헬멧을

▲사건 현장 일대의 모습. 잡초가 탄 것은 UFO가 착륙한 곳이기 때문일까?

벗는 순간, 갑자기 붉은빛이 그에게 쏟아졌다. 세르지오는 몸을 움직일 수가 없었다.
"빛이 몸에서 떨어진 뒤에야 몸을 움직일 수 있었지만, 눈이 불에 덴 것처럼 아팠습니다. 게다가 끔찍한 두통도 찾아왔죠. 너무 무서웠어요. 그래서 전력을 다해 도망쳤습니다."
하지만 세르지오의 뒤를 누군가가 뒤쫓았다. 뒤돌아보니 머리가 크고 붉은 눈을 가진 키 작은 외계인들이었다. 그들을 본 순간 몸이 하늘로 붕 떠올랐고, 머릿속으로 이런 메시지가 전달되었다.
'이것은 그저 우리의 사명을 확인하기 위한 테스트다. 우리는 다시 돌아올 것이다.'
그 뒤 세르지오는 기절했고 눈을 떠 보니 낯선 곳에 서 있었다고 한다. 그 후로 세르지오는 외계인들을 꿈에서 만났다. 그는 밤에 외출하는 것을 두려워했고, 누군가가 자신을 감시하고 있다고 생각했다. 세르지오의 기억이 전부 돌아온 것은 아니다. 그가 떠올리지 못한 기억 속에는 어쩌면 UFO 안에서 생체 조사를 당한 것도 있을지 모른다.

외계인 납치 사건의 기억은 과연 사실일까?

외계인이 인간을 납치하는 것을 영어로 'Alien abduction'이라고 하는데, 미국에서는 약 400만 명의 사람들이 이런 경험을 했다고 한다. 그렇다면 그들이 경험했다고 주장하는 기억은 과연 사실일까?

납치된 사람들의 이야기를 종합해 보면, 납치에는 공통된 패턴이 있음을 알 수 있다. 먼저 대부분의 피해자가 납치될 당시 자신의 집이나 혹은 차 안에 있다. 그리고 가까운 곳에 무언가 이상한 것이 있는 것을 눈치 챈다. 그것의 정체가 외계인임을 아는 순간 정신을 잃고 UFO로 끌려 들어간다. 외계인의 모습은 대부분 그레이 에일리언이다. 납치될 때는 우주선이 쏜 빛에 몸이 휘감겨 그대로 하늘로 떠올라 선내로 빨려 들어간다. 그리고 진찰대에 눕혀져 몸을 검사당한다. 그때 외계인은 인간의 몸에 작은 이물질을 삽입하기도 한다. 그 뒤로 피해자가 다시 정신을 차리면 대부분 원래 있던 장소로 돌아와 있지만, 기억은 온전하지 않다. 그들은 '역행 최면(최면술로 인간의 기억을 되살리게 하는 것)'을 통해 기억을 떠올리고, 자신이 외계인에게 납치되었음을 알게 된다……. 그러나 최면 요법을 쓰면 피해자는 쉽게 암시에 걸린다. 최면술을 시행하는 사람이 어떤 질문을 하느냐에 따라 드라마틱한 스토리를 무의식적으로 만들어 내기도 한다. 사실과 전혀 다른데도 그들은 자신이 거짓말을 하고 있다는 자각조차 없다. 그렇기에 그들이 겪은 것이 사실인지 아닌지를 밝히는 데는 그것을 뒷받침할 만한 증거의 유무가 무엇보다 중요하리라.

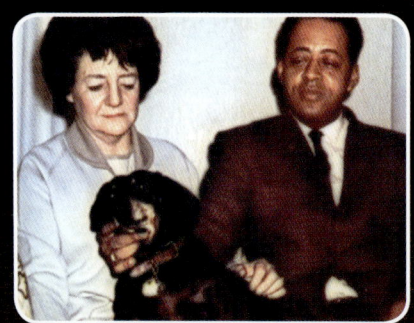

외계인에게 납치당했던 힐 부부. 두 사람은 역행 최면으로 잃었던 기억을 다시 되찾았다.

빛에 쏘인 뒤, UFO 안으로 끌려 들어간 트래비스 월튼. 그 역시 UFO 안에서의 기억은 모두 잃었다.

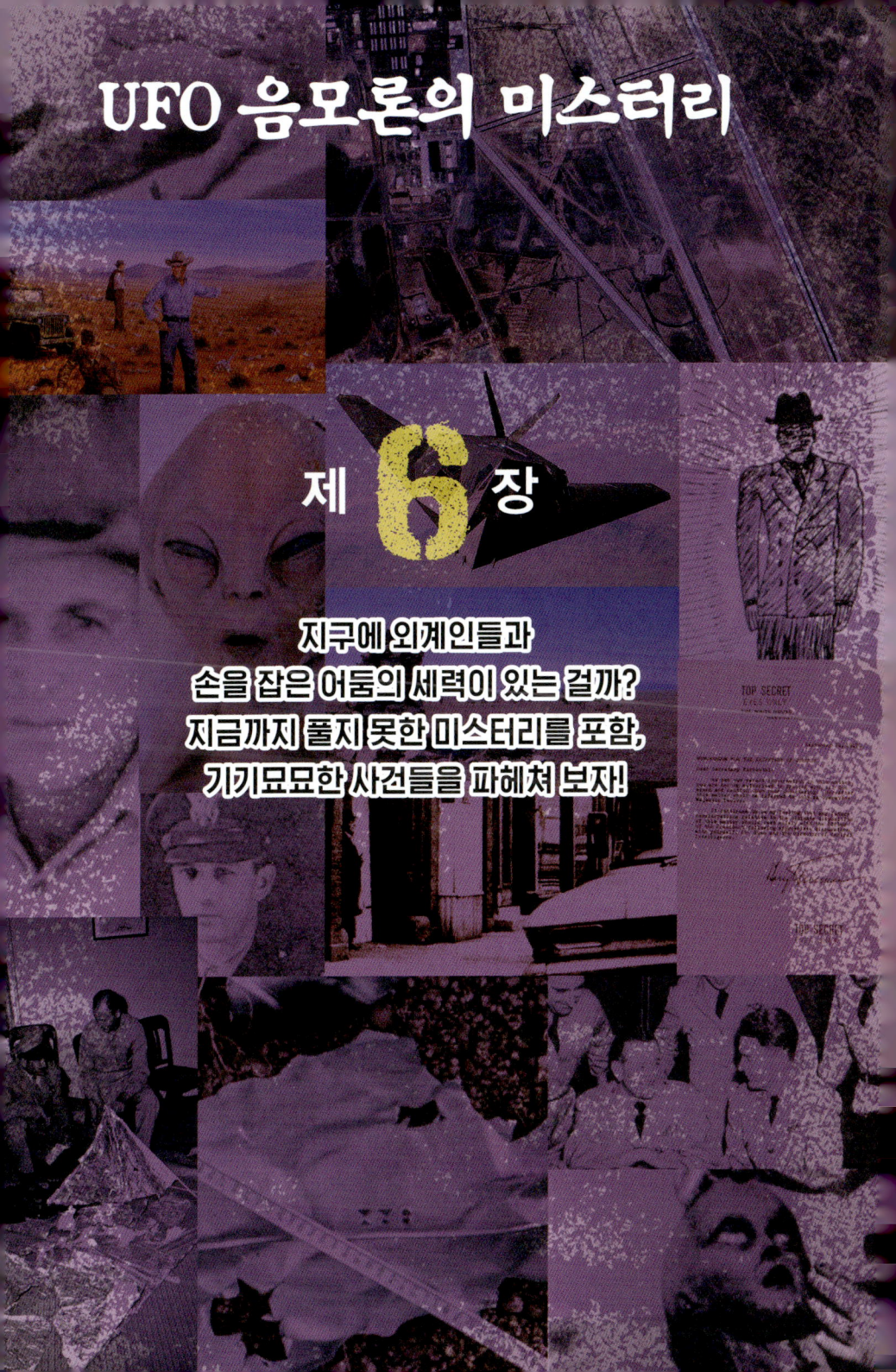

UFO 음모론의 미스터리

제 6 장

지구에 외계인들과
손을 잡은 어둠의 세력이 있는 걸까?
지금까지 풀지 못한 미스터리를 포함,
기기묘묘한 사건들을 파헤쳐 보자!

몇몇 사람만이 비밀을 알고 있다!

정부가 숨긴 UFO 정보의 수수께끼

충격 정도 ★★★☆☆ [장소] 미국 [목격년도] -

① 1969년 4월, 지금까지 UFO 조사를 해 왔던 미 공군은 "UFO가 다른 천체에서 온 우주선이라는 증거가 없다."며 조사의 종지부를 찍었다. 그들의 말이 1951년부터 시작되어 18년 동안 이어졌던 조사의 결과 보고라고 볼

▲UFO 사건을 접수하고 그와 관련된 미스터리를 풀기 위해 1951년 미 공군 내에 공식적으로 설립된 조직이 '프로젝트 블루북'이다. 그들은 이때부터 하늘을 나는 원반 대신 'UFO'라는 용어를 사용하기 시작했다.

수도 있지만, 조사 대상이었던 12,000건의 사례 중에서도 정체불명의 물체들, 특히 700건 정도 되는 UFO 관련 자료들을 아무것도 아니라고 하기엔 너무나 수상하다. 그 뒤 1970년대부터 1980년대를 거쳐 이런 소문이 돌기 시작했다.
"미 정부는 UFO 정보를 숨기고 있다!"고.
예를 들어 1979년, UFO 연구가인 레오나드 스트링필드는 미 공군이 추락한 UFO와 외계인의 사체를 회수하고서는 숨겼다고 발표해 전 세계에

큰 충격을 안겨 주었다.
사실 미 공군뿐만 아니라 FBI(연방 조사국), CIA(중앙 정보국), 국방부 등의 국가 주요 기관이 UFO와 관련된 문서를 작성한 것은 사실이다. 즉, 정부 기관이 공식적으로 UFO에 관심을 가졌다는 것을 증명한 셈이다. 1987년에 회수한 UFO와 외계인 시체에 대한 정보를 미국 대통령을 포함한 정부 고위 관료들만 공유했다는, 이른바 'MJ-12(Majestic-12)'라 불리는 문서가 세상에 공개되었다.

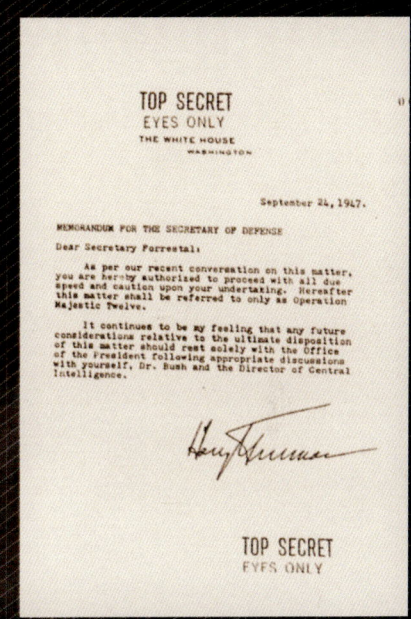
▲ MJ-12 문서. 대통령의 사인이 가짜라는 말도 있다.

그 결과 1990년대에는 외계인과 관련된 각종 소문이 난무했다.
"정부는 외계인과 비밀 계약을 맺고 그들의 지식을 빌려 지하 기지를 구축한 뒤 미래용 병기를 만들고 있다."
"외계인이 가축을 학살하고 인간을 납치해 유전자 실험을 하는 것을 눈감아 주고 있다."
정부가 UFO 정보를 숨기고 있다고 믿는 것을 '음모론'이라고 한다. 정부가 음모를 꾸민 것이 사실이라고 믿는 사람도 있지만, 헛소문에 지나지 않는다고 생각하는 이들도 있다. 또한 정부가 진실과 거짓을 조금씩 흘려보냄으로서 정보를 교란시키려는 게 아니냐고 의심하는 사람도 있다.

FILE No. 093 UFO & Alien

지도에는 없는 미지의 구역
비밀 기지 '51구역'

충격 정도 ★★★★☆ [장소] 미국 [목격년도] -

▲ '51구역'의 항공 사진. 수수께끼의 시설과 활주로가 보인다.

미국 정부가 외계인과 함께 UFO를 개발하고 있다는 곳이 바로 '51구역'으로 불리는 비밀 기지다. 네바다 주 라스베이거스에서 북서쪽으로 약 200km 떨어진 사막 지대에 위치하고 있다. 기지는 군사 기밀을 위해 공식적으로는 존재하지 않는 곳이다.

이곳은 원래 신형 전투기와 병기를 개발하고 시험하는 곳이지만, 1989년 3월, 미국의 물리학자인 로버트 라자르의 폭로로 세상에 알려졌다.

"51구역의 극비 시설에는 외계인에게 제공받은 UFO가 숨겨져 있으며 지구에서 만든 UFO 연구와 테스트 비행을 실시하고 있다."

▲ 51구역의 비밀을 폭로한 로버트 라자르

더욱이 로버트는 기지 내에서 본 극비 문서에 UFO의 각 부분을 스케치한 것, 외계인의 해부 사진 등을 수록한 보고서가 있다고 말했다.

1990년에는 지구에서 만든 UFO 연구에

협력했다는 기술자, 빌 우하우스가 다음과 같이 폭로하기도 했다.

"기지 안에는 외계인이 존재하며, 그를 '제로드'라고 부른다. 제로드의 키는 약 1.5m 정도이며, 피부는

▲ 미 공군의 스텔스 전투기. 레이더에 쉽게 잡히지 않는 성질이 있어, 51구역에서 개발한 것으로 추측하고 있다.

회색으로 몸이 가늘어 상당히 약해 보였다. 눈은 굉장히 큰 아몬드 형으로, 흰자가 없이 검은 렌즈만 끼워 놓은 것 같은 모양이다. 기지 안에서 제로드는 인간들에게 UFO에 대한 지식과 기술을 가르치고 있다."

물론 그들의 내용이 사실인지는 알 수 없다. 다만 미국 정부가 지금까지 진행해 온 획기적인 비밀 병기를 숨기기 위해 정보를 조작한 것은 아닌지 의심하는 사람들은 많다.

51구역 주위에서 기묘한 발광체를 봤다는 사람들이 종종 나타난다. 하지만 그 발광체가 51구역에서 연구·개발 중인 신형 무기인지 아니면 진짜 UFO인지를 구분할 수 있는 방법이 우리에겐 없다.

2013년, 정보 공개법에 따라 CIA(중앙 정보국)가 51구역의 존재를 공식적으로 인정했다. 그리고 네바다 주 안에 위치한 51구역의 지도도 대중에게 공개했다. 하지만 51구역의 지하에 무엇을 숨겼는지에 대해서는 아무것도 밝히지 않았다.

FILE No. 094 UFO & Alien

로즈웰에서 가져온 사체일까?
외계인 해부 필름

충격 정도 ★★★★★ [장소] 미국 [목격년도] 1995년

정부가 외계인 사체를 가져가 어디에 숨겨 놓았다고 믿는 이들에게 이 영상은 그야말로 충격 그 자체였다.

1995년 8월 26일, 세계 32개국의 TV를 통해 외계인 사체 해부 장면이 담긴 실사 필름이 일제히 방송되었다.

필름을 가지고 있던 카메라맨 잭 바넷(가명)은 영상 속의 외계인 사체는 1947년에 미국 로즈웰 서남서 지역 원주민 거주지에 추락한 UFO에서 가져온 것이라고 했다. 해부는 텍사스 주 댈러스 포트워스 기지에서 했으며, 필름은 당시의 장면을 촬영한 것이라고.

영국의 통신사는 이 필름이 모두 14개이며 91분짜리 16mm 흑백 무성 영화라고 했다. 미국 필름 회사인 코닥은 자체 조사 결과, 1947년에 촬영된 것이 맞는다고 했다.

게다가 당시 대통령인 해리 트루먼이 영상에 찍혔다는 소문도 돌았다.

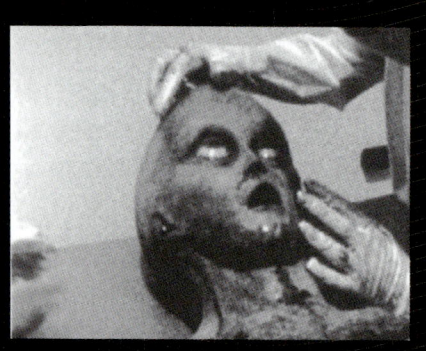

▲의사 같은 인물이 검사 중인 외계인의 머리. 소문과는 달리 눈이 허옇다.

만약 이것이 사실이라면 정부가 외계인 사건에 깊이 연루되어 있다는 것을 증명하는 중요한 증거가 되는 셈이다.

영상 속에서 의사 비슷한 사람이 외계인의 사체를 해부하고 있다. 외계인의 몸에는 털이 하나도 없으며 배가 이상할 정도로 부풀어 있다.

추락할 때 다친 것인지, 오른쪽 다리에는 큰 부상을 입었다. 손가락은 좌우로 각각 6개씩 있는 것으로 보인다.

이 필름은 그 뒤 다양한 전문가들에게 검증을 받았다. 어떤 TV 방송에서는 현역 의사, 카메라맨, 특수 메이크업 분장사까지 초대해 철저히 파헤쳤다고 한다.(그들은 영상이 가짜라고 결론 내렸다.)

그리고 2006년, 특수 미술에 조예가 깊은 조각가 존 험프리즈가 이 해부 필름을 '내가 제작했다!'고 고백하면서 전 세계를 다시 충격에 빠뜨렸다. 그는 자신이 의사 역할을 맡았다고도 했다.

하지만 진실을 은폐하기 위해 미국 정부가 정보를 조작한 것이라 생각하는 UFO 연구가도 적지 않다.

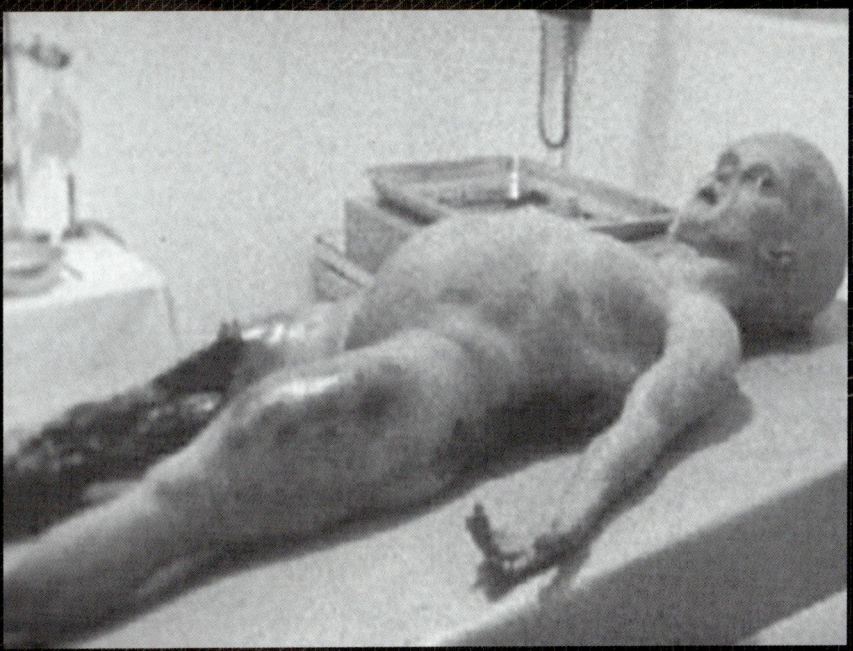

▲ 오른쪽 다리에 큰 부상을 입은 채 수술대 위에 누워 있는 외계인의 사체. 온몸에 털이 하나도 없으며 배가 부풀었다.

FILE NO **095** UFO & Alien

UFO에 관한 무언가를 아는 순간 나타난다……
MIB(Man In Black, 맨 인 블랙)

| 충격 정도 ★★★★☆ | [장소] 미국 등 | [목격년도] 1953년~ |

미국에서는 UFO를 목격하거나 외계인에게 납치를 당하는 등의 UFO 관련 사건이 발생할 때마다 검은 양복을 입은 남자들이 나타난다고 한다.

남자들은 목격자와 당사자를 직접 방문하여 "정보 제공에 협조해 주십시오."라고 요청한다. 그러나 그들의 온화한 태도는 처음 만났을 때뿐이고 "다른 사람에겐 입도 벙긋하지 마.", "협조하지 않으면 네 목숨은 없는 거다."라며 협박을 일삼는다고 한다.

그들의 독특한 옷차림 때문에 'MIB(Man In Black)'로도 불린다. 그들은 슈트는 물론, 모자, 넥타이, 선글라스, 구두까지 모두 검은색으로만 착용한다. 타고 다니는 차도 검은색이며, 오로지 와이셔츠만이 흰색이라고 한다.

그들의 목적은 목격자들의 입을 막고 UFO 연구가 등이 접할지도 모르는 정보를 사전에 빼앗는 것이다. 즉 UFO 관련 정보가 확산되는 것을 막는 것이 그들의 임무인 셈이다.

▲앨버트 벤더

MIB의 존재를 일찌감치 세상에 알린 이는 미국의 UFO 연구가인 앨버트 벤더였다. 1953년 코네티컷 주에서 거대한 불덩이가 하늘에서 떨어지는 사건이 발생했다. 그때 앨버트가 이끄는 UFO 연구 단체가 불덩이의 잔재로 보이는 파편 등을 가지고 조사를 하기 시작했다.

그런데 그때 이런 경고가 그들에게 날아들었다.

"우리는 당신을 감시하고 있다. 이 사건에서 손을 떼라!"

그러던 어느 날 밤, 그의 앞에 검은 옷을 입은 세 명의 남자들이 나타나, 당장 앨버트의 연구 단체를 해산시키라고 협박했다. 공포에 질린 앨버트는 그들의 경고를 따랐다. 이것이 바로 MIB에 대한 세계 최초의 공식 기록이었다. 그 뒤로 UFO와 관련된 사건마다 MIB가 나타났다는 보고가 잇달았다. 게다가 미국뿐만 아니라 캐나다, 멕시코, 영국, 이탈리아, 뉴질랜드, 중국 등에도 출몰했다.

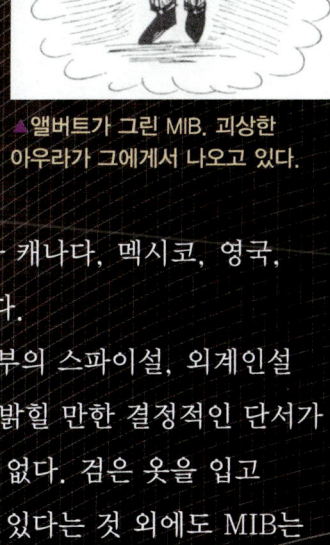

▲앨버트가 그린 MIB. 괴상한 아우라가 그에게서 나오고 있다.

제6장 UFO 음모론의 미스터리

그렇다면 그들은 과연 누구일까? 미국 정부의 스파이설, 외계인설 등 다양한 가설이 있지만, 그들의 정체를 밝힐 만한 결정적인 단서가 없다. 검은 옷을 입고 있다는 것 외에도 MIB는 몇 가지 특징을 가지고 있다. 걷는 모양이 왠지 기계 같고, 말하는 것도 마치 책을 읽는 것처럼 단조로우며, 특이한 억양을 지녔다고 한다.

▲조지아 주에서 찍은 MIB(사진의 왼쪽)의 모습. 그는 건물 사이에 숨어 있다.

FILE No. 096　UFO & Alien

추락한 것은 UFO일까? 아니면 열기구일까?
로즈웰 사건

| 충격 정도 ★★★★★ | [장소] 미국　[목격년도] 1947년 |

　UFO 역사상, 가장 유명한 사건이 미국 뉴멕시코 주 로즈웰에서 발생한 '로즈웰 사건'이다.

이 사건은 1947년 7월 1일, 이른 새벽에 발생했다. 뉴멕시코 주 로즈웰에 위치한 화이트샌드 군사 기지 레이더에 하늘을 나는 정체불명의 물체가 잡혔다. 물체는 믿을 수 없을 만큼 빠른 속도로 3일 동안 날았으며 7월 4일 오후 9시를 지나 갑자기 레이더에서 사라졌다.

이 사건이 발생한 시각과 거의 비슷한 시간에 로즈웰 북서 방향 약 120km 지점에 있는 포스터 목장 부근에서는 엄청난 벼락이 내리쳤다. 목장 관리인이었던 윌리엄 브라젤은 벼락 치는 소리와 함께 '쿠쿵!' 하는 폭발음 비슷한 소리를 들었다.

다음날 아침, 주위를 둘러보며 상황을 살피던 윌리엄은 금속 파편들과 막대기 같은 것들이 사방에 흩어져 있는 것을 발견했다.

7월 6일, 윌리엄은 금속 파편들을 가지고 보안관을 찾아갔다. 그것을 본 조지 윌콕스 보안관은 가까운 곳에 있는 로즈웰 육군 비행장에 연락을 했다. 연락을 받은 육군은 정보 장교인 제스 마셀 소령을 포함한 군인들을 급파했다.

그 뒤, 목초지는 50~60명 정도 되는 육군

▲ 윌리엄 브라젤

▲ 제스 마셀(왼쪽)을 추락 현장으로 안내하는 윌리엄의 모습

항공대와 헌병대에 의해 삼엄한 출입 통제가 이루어졌으며, 군인들은 사방에 흩어져 있던 파편들을 모조리 회수해 갔다.
가장 먼저 파편을 발견했던 윌리엄은 라디오 방송 인터뷰에 응한 뒤, 군에 구속되어 5일 동안이나 취조를 당했다고 한다.
로즈웰 근교 목장에 떨어진 것은 무엇일까? 이러한 의문에 수많은 사람들이 설왕설래했지만 해답을 얻을 수는 없었다.
7월 8일, 로즈웰 육군 비행장의 보도관 월터 하우트 중위는 매스컴에 충격적인 사실을 폭로했다.
"(군은) 하늘을 나는 원반을 회수했다."
그의 발언은 곧 지역 신문에 대서특필되었고, 얼마 안 가 전 세계가 알게 되었다. 사실 사건이 발생하기 2주 전에 미국 워싱턴 주에 사는

사업가 케네스 아놀드가 '하늘을 나는
원반'을 목격한 사건이 있었기에,
'하늘을 나는 원반'을 향한 대중의
관심은 그야말로 하늘을 찌르던
상태였다.
하지만 월터 하우트 중위의 발표가
있은 지 몇 시간 지나지 않아, 상황이
급변했다.
텍사스 주 포트워스 기지의 제8항공
사령부 로저 레이미 준장이 월터
하우트 중위의 말과는 전혀 다른
내용을 발표한 것이다.

매스컴 앞에서 추락한 잔해의 일부를 펼쳐 보이는 로저 레이미(왼쪽의 인물)

로저 레이미는 기자들이 모인 곳에서 'UFO의 잔해'로 알려진 것들을
보여주며, 다음과 같이 정정했다.
"회수한 것은 하늘을 나는 원반이 아닌, 기상 관측용 열기구였다."
그리고 회수품들은 포트워스 기지를 거쳐 수도인 워싱턴으로 다시
보냈다고 했다. 이로서 하늘을 나는 원반=UFO 소동은 일단락되었고,
이렇게 사건은 마무리되는 듯했다.

뒤집어진 발언과 사건의 숨겨진 진실

사건이 발생한 지 30년 정도 지난 1978년, UFO 연구가인 스탠튼
프리드먼은 사건 당시 파편의 회수를 담당했던 제스 마셀을 취재했다.
제스는 사건의 진상에 대해 이렇게 말했다.
"그것은 열기구가 아니었습니다. 맹세컨대 정체를 알 수 없는

▲목격자의 증언을 바탕으로 재현하여 만든 잔해의 모형. 옅은 은색의 금속은 형상 기억 합금 비슷한 것으로, 이상한 기호가 새겨져 있다.

물체였어요. 저희가 수집했던 파편은 굉장히 가볍고 은박지처럼 얇았지만 접을 수도, 그렇다고 자를 수도 없었습니다. 망치로 두드려도 흠집이 생기지 않았어요. 전 그 물질이 마치 플라스틱의 성질을 지닌 금속처럼 보였습니다."

▲제스 마셀

로즈웰에 추락한 것은 무엇일까? 그리고 현장에 있던 사람들은 도대체 무엇을 봤을까?

역시 로즈웰에 추락한 것은 외계에서 온 물체였을까? 제스 마셀의 증언이 있은 뒤 그동안 잠자고 있던 로즈웰 사건이 다시 화두에 올랐고, 여러 사람들에 의한 재조사가 이루어졌다.

▲ 기념비가 세워진 로즈웰 추락 현장

1947년 7월 6일 오후. 최초 발견자인 윌리엄을 인터뷰한 지역 라디오 방송국의 프랭크 조이스는 이렇게 말했다.
"목초지에는 하늘을 나는 원반 외에 이상한 생물의 사체도 있었다." 그것은 원숭이가 아닌 난쟁이처럼 보였다고 한다. 하지만 윌리엄은 군에 잡혀가 취조를 당한 뒤로 두 번 다시 자신이 본 것에 대해 말하지 않았다. 만에 하나 사건에 대해 발설하면 군이 자신을 죽일지도 모른다고 믿었기 때문이다.
또한 로즈웰 회수 작전이 있던 날. 많은 시민들이 대형 트럭으로 운반되는 원반 비슷한 것을 목격했다. 로즈웰에 추락한 것은 외계의 우주선으로, 거기에 탔던 외계인은 추락하면서 사망했고 그 사체까지 군이 가져간 것이다.

로저 레이미가 매스컴 앞에서 당당히 보여준 '열기구의 잔해'가 정말 로즈웰에서 추락한 것의 파편인지도 의심스럽다.

한편, 미 공군은 이러한 의혹에 대응하기 위해 1994년과 1997년에 사건의 조사 결과를 바탕으로 두 번에 걸쳐 공식 성명을 발표했다. 하지만 지금까지 그들이 주장했던 것과 전혀 다르지 않은,

▲ 추락 현장에서 발견된 외계인의 모형. 목격자의 증언을 바탕으로 재현한 것이다.

'회수한 것은 기상용 열기구의 파편이었다.'는 내용의 반복이었다. 또한 현장에 있던 '사체 비슷한 것'은 실험용 마네킹이었다고 주장했다.

사건이 발생한 지 60년이 지난 지금도 추락한 것이 정말 열기구였는지, 아니면 미지의 비행 물체였는지 확실히 밝혀지지 않았다. 공군의 조사 결과와 당시 현장을 목격했다던 사람들의 말이 전혀 다르기 때문이다. 게다가 추락 현장에 있던 파편들을 전부 군에서 회수해 갔기 때문에 군이 사건의 진실을 은폐하고 있다는 것을 밝힐 만한 증거가 없다.

지구에서도 '하늘을 나는 원반'을 만들었다?

'하늘을 나는 원반'을 사람들이 목격하기 시작한 것은 1947년 무렵이었다. 하지만 제2차 세계 대전이 한창이던 시절부터 미국에서도 '하늘을 나는 원반'과 똑같이 생긴 원반형 전투기를 개발하고 있었다. 이 전투기의 이름은 '플라잉 플랩잭(Flying flapjack)'으로 미 해군이 1942년에 개발한 전투기다. 미국은 긴 활주로가 필요 없는, 단거리 이착륙이 가능한 기체를 개발하기 시작했으나, 1945년 제2차 세계 대전의 종식과 더불어 개발을 중지했다.

한편 1950년대에는 미군과 CIA(미국 중앙 정보국)의 자금 원조에 힘입어 캐나다의 항공기 회사인 애브로에서 원반 항공기를 개발하게 되었다. 그들이 세상에 내놓은 항공기의 모습은 '지구형 UFO'라고 불러도 손색이 없을 정도였다.

제작사의 이름을 따 '애브로카'로 불린 이 항공기는 직경이 약 5m로 공기를 분사하여 공중에 떠 어떤 방향이든 자유자재로 이동하도록 설계되었다.

하지만 1959년에 첫 테스트만 했을 뿐, '하늘을 나는 원반' 계획은 실패로 돌아가고 말았다. 원반은 겨우 1m 정도 날아올랐지만 이내 엔진이 한계에 다다랐으며 기체의 자세를 유지하는 것도 결코 쉽지 않았다. 실험은 1961년까지 계속되었지만, 특별한 성과를 얻지 못한 채 애브로사는 이 프로젝트를 멈출 수밖에 없었다.

이 '지구형 UFO'의 개발이 극비로 진행되었기에 항간에는 외계인에게 얻은 UFO 제작 기술을 이용한 게 아니냐는 추측까지 나돌았다. 하지만 진실은 알 수 없다.

'하늘을 나는 원반'을 본뜬 미 전투기 '플라잉 플랩잭'. 하지만 비행 한 번 해 보지 못하고 개발이 중단되었다.

캐나다의 애브로사가 개발 계획을 세웠던 '애브로카'. 원반 왼쪽에 위치한 바람막이에 있는 공간이 바로 조종실이다.

만약 UFO를 목격했다면?

UFO의 기록을 남기자!

만약 UFO로 추측되는 비행 물체를 본다면 당황하지 말고 관찰하도록 하자. 그중 대부분은 비행기와 인공위성, 열기구나 풍선, 혹은 유성일 가능성이 높기 때문이다. 진짜 UFO라면 급격한 방향 전환을 하거나 순식간에 모습을 감추거나 하기 때문에 구별할 수 있다. 거기에 방향이 불규칙하다면 UFO일 가능성은 더욱 높아진다.

디지털 카메라나 스마트폰이 있다면 기록용으로 촬영을 하도록 하자. 단, 이때 명심해야 할 것은 물체를 고배율 줌으로 촬영해야 하며, 반드시 가까이 있는 배경도 함께 찍어야 한다는 점이다.

배율을 너무 높이면 사진이 흔들리기 쉬워 고속으로 날아다니는 UFO를 촬영하기가 어렵다. 그러므로 배경을 함께 찍으면 물체가 날고 있는 고도, 방향, 물체의 크기 등을 사진만 본 사람들도 쉽게 파악할 수 있다. 하지만 태양과 빛 등의 광원이 있는 쪽으로 사진을 찍으면 '렌즈 플레어'라는 UFO와 비슷해 보이는 빛이 찍히는 경우가 있으므로 주의해야 한다.

카메라가 없을 때라도 목격한 것을 기록하는 것은 매우 중요하다. 목격한 장소와 시간, 날씨, UFO의 윤곽, 형태, 색 등을 자세히 관찰하여 기록으로 남겨 놓자. 또한 목격자는 한 사람만 있을 때보다 여러 명인 경우가 목격담의 신빙성을 높일 수 있으므로 기억해 두자. UFO를 봤다면 무엇보다 침착해야 한다. 냉정하게 정확한 기록을 남기는 것이 무엇보다 중요하다.

만약 외계인을 만났다면?

만약 UFO가 가까운 곳에 착륙하여 외계인을 만나는 사건이 발생한다면 어떻게 해야 좋을까? 이 책에서는 우호적인 외계인도 언급했지만, 영국의 유명한 우주 물리학자인 스티븐 호킹 박사는 이렇게 경고했었다.

"만약 외계인이 존재한다면 그들이 파멸의 결과를 초래할 수도 있다. 그러므로 외계인과의 접촉은 반드시 피해야 한다."

머나먼 우주에서 지구에 올 정도로 고도의 문명을 가진 생명체가 순수한 마음으로 인간을 만나려고 지구에 온 것만은 아닐 것이다. 지구를 침략하기 위해 왔을 가능성도 있다. 그들의 목적이 확실해질 때까지 직접 만나는 건 피해야 하며, 일단은 도망치는 게 중요하다. 언젠가 외계인이 인간 앞에 모습을 드러낼 날이 올 것이다. 그들과의 만남이 '파멸의 결과'를 초래하기 전에 그들의 목적과 UFO의 수수께끼를 제대로 풀어야 하리라.

참고 문헌

「ムー」各号 (학연)
「世界ＵＦＯ大百科」 (학연)
도널드 슈미트 외 『ロズウェルにＵＦＯが墜落した』 (학연, 2010년)
존 스펜서 『ＵＦＯ百科事典』 (원서방, 1998년)
中村省三 『宇宙人大図鑑』 (그린 애로우 출판사, 1997년)
並木伸一郎 『宇宙人の謎』 (학연, 2003년)
並木伸一郎 『完全版　世界のＵＦＯ現象ＦＩＬＥ』 (학연, 2011년)
並木伸一郎 『未確認飛行物体ＵＦＯ大全』 (학연, 2010년)
並木伸一郎 『未確認飛行物体ＵＦＯの謎』 (학연, 2010년)
並木伸一郎 『ＵＦＯ大図鑑』 (그린 애로우 출판사, 1997년)
키스 톰슨 『ＵＦＯ事件の半世紀』 (초사사, 1997년)
ASIOS 『謎解き超常現象 2』 (채도사, 2010년)

사진 제공

並木伸一郎／ショーン・ヤマサキ／ノリオ・ハヤカワ／日本宇宙現象研究会／ムー編集部／アフロ／TopFoto／Mary Evans Picture Library／AP Images／Fortean Press International／Fortean Picture Library／NASA／Steve Alexander／shutterstock

비주얼 미스터리 백과 ❸
UFO·외계인 대백과

편저자 학연교육출판
역자 최윤영
찍은날 2015년 4월 24일 초판 1쇄
펴낸날 2022년 9월 26일 초판 4쇄
펴낸이 홍재철
책임편집 최진선
디자인 박성영
마케팅 황기철·안소영
펴낸곳 루덴스미디어(주)
주소 경기도 고양시 일산동구 무궁화로 43-55, 604호(장항동, 성우사카르타워)
전화 031)912-4292 | **팩스** 031)912-4294
등록 번호 제 396-32100002510020080000001호
등록 일자 2008년 1월 2일

ISBN 978-89-94110-89-9 74900
ISBN 978-89-94110-86-8(세트)

결함이 있는 책은 구입하신 곳에서 바꾸어 드립니다.
값은 뒤표지에 있습니다.

이 도서의 국립중앙도서관 출판시도서목록(CIP)은 e-CIP홈페이지
(http://www.nl.go.kr/ecip)에서 이용하실 수 있습니다. (CIP제어번호 : CIP2015011966)

学研ミステリー百科　2巻　UFOと宇宙人の大百科
学研教育出版・編・著

Gakken Mystery Hyakka 2kan UFO to Ucyujigin no Daihyakka
© Gakken Education Publishing 2014

First published in Japan 2014 by Gakken Education Publishing Co., Ltd., Tokyo
Korean translation rights arranged with Gakken Education Publishing Co., Ltd.